失われた
記憶を求めて

狂気の時代を考える

文《ムン》富《ブ》軾《シク》著
板垣竜太訳

現代企画室

失われた記憶を求めて——狂気の時代を考える

文富軾

板垣竜太＝訳

張徳述《チャンドクスル》君の霊前に捧げる

잃어버린 기억을 찾아서 – 광기의 시대를 생각함
by Moon Boo-sik

This Japanese edition published 2005
by Gendaikikakushitsu Publishers, Tokyo
by arrangement with the author.

失われた記憶を求めて——狂気の時代を考える

目次

凡例

一、原書とのあいだに異同のある日本語版の編集方針については、巻末の「訳者あとがき」を参照されたい。

二、原注が付せられた語句については、本文中に黒星印と番号を付し、見開き左頁の左端に注を入れた。翻訳書を引用している箇所で、文脈上重要な意味があり、かつ同書の日本語訳もある場合には、書誌データと該当頁を記した。訳注については、本文中に白星印と番号を付し、翻訳者と編集部の責任において、各章の末尾にまとめて注を記した。但し、簡単な訳注については、本文中に〔　〕で括り、小さめの文字で割注として入れた。

三、原文中、「南韓」「北韓」はそれぞれ「南朝鮮」「北朝鮮」と訳した。アメリカ合州国を指す訳語としては基本的に「米国」を用いたが、「釜山アメリカ文化院」のような固有名詞の場合は例外とした。

四、人名や地名はできる限り漢字名を調べ、初出の際に近似的な発音をカタカナのルビで示した。漢字名が調べられなかったものについては、カタカナのみを記した。

日本語版のための謝辞

汚点だらけでお粗末きわまりない私の本が、他の言語に翻訳される価値をもっているのかどうか、正直なところ私には確信がない。それでも、こうした形で出すにいたったのは、何よりも二つの理由による。

一つは、太田昌国さんが編集長をつとめる現代企画室から翻訳が出されるということは、私にとって逃すにはあまりに惜しい機会だと考えたからだ。たかだか二度ほど会って話をしただけだが、長いあいだ日本社会の変革のために苦闘し、さらにアジアや中南米で苦痛をこうむる民衆の闘争と連帯しながら生きてこられ、他方で粘り強く出版活動をなさってきた太田さんの姿を見ながら、彼のような生き方ができたらよいがとひそかに考えてきた。さえない私の知的な苦悩の痕跡に、彼が関心を寄せてくださったということはとても光栄だ。この場を借りて、太田さんの好意に深く感謝もうしあげたい。

私にとって何よりも貴重だったのは、人類学者である板垣竜太さんとの絆だった。彼は私の文章が伝えようとした内容だけでなく、書きながら私が感じざるをえなかった挫折や限界までも知っている人だ。彼が寛大さと忍耐心をもって見守ってくれ、私の文章を翻訳してきたことに対し、ことばでは表現しつくせないほど感謝している。私の粗雑な文章を日本の読者にとってそれなりに読みうるものにするため、私は翻訳者の無限の自由を頼りにしたい。他の人には過度の表現に見えるかもしれないと思いつつも、あえて述べれば、私は彼が示した友情と関心にこたえるためにも、一所懸命に生きたい。そして、日に日に厳しくなる資本の攻勢と抑圧的な体制に抵抗するため、絶えず思考しつづけたいと思っている。

二〇〇五年四月

文富軾

はじめに　時間の記憶、異なる「視線」を求めて

あなたにはその「視線たち」を封じこめる権利はない

——テオ・アンゲロプロスの映画「ユリシーズの瞳」より

本を出すのなら、ぜひともユリウス・フチークの『絞首台からのレポート』[☆1]のような本を出したいと思ったことがある。二十年前のことだった。ファシズムに抗し、ゲシュタポに逮捕されて処刑されるまで、監獄で二週間のうちに書いたチェコの一作家の文章を読んで抱いていた二十代の頃からの望みを、私は今にいたるまで成し遂げることはできなかったし、今後もできないだろう。ひょっとするとそれは一時の望みとしてずいぶん前に消えてしまっていて、今となっては想起するのも照れくさいと述べた方がぴったりくるかもしれない。殺し、殺される時代を無事に生き延び、その「燃ゆる時間の年代記」すら後日談としてしまう模糊としたもう一つの時代をそれとはなしに生きてきた私は、既に四十四だ。殉教者の献身と闘士の熱情を希求するというよりは、自分の年が担わなければならない生活の責務を尽くすことに戦々恐々しながら生きている今日この頃だ。これまで自分が生きてくるなかで行ない、また肯定してきた過去の時間に起きたことが、信念から出たものなのか、あるいは絶望ないしは喪失感から出たものなのか、ときに疑ってみたりもしながら。

たまにこんな想像をしてみる。解放された祖国で国民的英雄として尊敬されたフチークが、その後の長い時を経てチェコ人にどのように記憶されてきたのかは知らないが、友愛あふれる平等な社会を夢見る透徹した社会主義者だった彼が仮に生きていたとしたら、「赤い軍隊」によって踏みにじられた二十年後の「プラハの春」[☆2]をどのように眺めただろうかと。そうして私は僭越にも、フチークのファシズムの時代と私たちの一九八〇年代に死んでいった者たちを憐憫し、またこのように考えてみるのだ。抑圧から解放にいたる過程を想定し、夢見て信じてきたことが一つ一つ裏切られていくのを目撃しえなかった人たちは、ともすると幸福な人たちだったかもしれない。かれらが幸福だというのは、後代の人たちがどれだけ栄光の記憶としてとどめるのかによって左右されるのではなく、ひとえにかれら自身が生き抜いた充溢した生によって保障されるものであるから。反面、運良く生き残ったと思っている人たちは、自らが足で踏みしめている現在が、過去に存在していたある希望を裏切った結果から構成されているという事実を回避することによって、不幸となりうる危険性に対して処することができた。ある種の合意によって構築された「公式的」な記憶の他には過去に戻りうるあらゆる記憶の橋を撤去してしまった人たちを支配しているのは、自分自身ではなく、過去から解放された現実の新しい権力であろうから。

「過去は現在を映す鏡」であるということばはあまりに陳腐であり、実際には何の内容も込められていない空言であることが多い。いつの頃からか使われ始めた「記憶の政治」という概念も、ただ「忘却の政治」の反対側に自らを位置づけ、過去に起きたことの単純な復元を通じて歴史的な啓蒙効果を提供するにとどまるのならば、当初の期待とは異なり、欺瞞の技術に転落しかねない。一体、私たちはいまどのような過去に対するどのような記憶を現在の鏡としてのぞき見ているのか。また過去に対する記憶は誰によって、どのような形で、何のために想起されているのか、一九八〇年以来いつも社会的な争点の中心にあり、ある時点からは特別な待遇をもって記念されている「光州《クワンジュ》」の記憶も同様だ。同時代の数多くの人たちを歴史の時間のなかへと呼び寄せた光州は、今、私たちのなかにはない。光州という単語は、あの日、死んでいった人たちの家族を除いてはもはや誰の心も痛めることはなく、それを忘却したり語らなかったりする人たちによってではなく、むしろ「光州体験」に対して特別な証しを必要とする人たちによって、「光州を忘れてはならない」という言葉の尻にこっそりと自らの利害関係を忍び込ませる計算された行為によって、その記憶はひどく毀損されてきた。別の言い方をすれば、それは「忘却の政治」に抵抗する困難な社会的認定闘争としての光州が、記憶の変容過程を経て、新たに生まれた権力を主語とする「記憶の政治」として誕生する過程だった。勉強不足の私は、光州を照らしだす「進歩」の学問が、過去と現在の権力を特殊な方式で結合させる機制に転落した光州の記憶を、その剥製の運命から救済してくれることを待ちわびてきた。光州における抗争を正義の闘争として位置づける記述は数多ある。その挫折した抗争が、どのようにその後の民主主義に向かう厳しい闘争の源泉として作用してきたのかを説明してくれる論拠の目録もかなり揃っている。そして光州は波乱を経た後、とうとう国家によって公認された「正史」となった。では、この正史としての光州が終わらせたのは、国家の暴力的な性格なのか、あるいはそれに立ち向かわせてきた記憶の力能なのか。「国家が綱紀を正し、民主化を定着させ、民族精気を涵養することを目的」として、クーデタ責任者の「憲政秩序破壊行為」を処罰するという「光州特別法」(「五・一八特別法」とも。第一章を参照)の名分が、その法がつくられる十五年前、光州の市民を虐殺する直前にクーデタ軍およびかれらによって掌握された政府が発表した談話にあまりに酷似しているという事実は、何を物語っているのか。対立したものに見えた二つの立場が、なぜ韓国の言説においては否応なく似てしまうのかについて誰かが説明してくれることを、私はまだ待ちわびているのである。

現実が歴史に対する楽観を立証するものとして映るとき、その場はいつも過ぎし歴史に対して多くを求めようとする人々によって混み合うことになる。しかし、私たちはいつも不義の権力の被害者だったということばを、私は疑う。過去にも（また現在にも）私たちは本当にただ歴史の被害者だったのだろうか。『失われた記憶を求めて——狂気の時代を考える』という題目を付した本書は、光州に対する話から始まってはいるが、どこまでもそれは「光州事件」自体に対するものというよりは、その歴史的な悲劇に対する記憶と関連したものである。少々圧縮していえば「ポスト軍事独裁」時代がはじまって以来十年間、過去に対する記憶がどのような変容の過程を経て定型化し、またそれが人々の間で通用しているのかに焦点が当てられている。光州の墓域はいまや「国立墓地」に昇格し、毎年五月になれば光州は国民儀礼によって「記念」されている。殉教者たちの墓に花を捧げるこの盛典儀礼は、いってみれば二十年前に国家権力の暴力が遂行した残酷な「犠牲の祭儀」の最後の手順である。この儀礼において想起される記憶の方式によれば、光州の悲劇は一九八〇年五月の光州において新軍部によって引き起こされ、一九九五年の「光州特別法」によってその反乱軍部の首魁が処罰されることによって終結したことになる。人々はこのように信じたがっている。光州における狂気の虐殺は、権力欲に満ちあふれた少数軍部の例外的で特別な暴力だったのであり、自分たちの沈黙は「暴力に対する恐怖」のためであると。しかしこの陳述は真実の全部だといえるのだろうか。光州の虐殺は米国および軍部だけの犯罪的な罪悪であり、私たちはただ恐怖に屈服していただけなのか。私たちは単純な傍観者なのか、あるいは共謀者なのか。朴正熙《パクチョンヒ》が推進した近代化の速度に盲目的に熱狂した私たちは、その死によってその速度が突然止まってしまったとき、それを代わりに保障してくれるよう強力な権力を所望していたのではないか。光州を一挙に他者化した「スケープゴートの祭儀」においては、近代（化）に対する私たちの社会的、集団的な欲望と狂気が深く介入していたのではないか。光州において示された暴力は、韓国的近代が内蔵している欲望と葛藤と構造的暴力を収拾、縫合する「暴力によって暴力を治める」メカニズムの実現ではないのか。そして私たちはその暴力と私たちとが結んでいる合意と同意の脈絡を、終結した光州の記憶の中に忍び込ませようとしているのではないか。「有罪かつ無罪であるすべてのコロンビア人に捧ぐ」と、コロンビアの文豪ガブリエル・ガルシア＝マルケスは自らの小説の冒頭に書いたことがある。[☆3] だとすれば私たちは？

現在進行中の歴史から退いている局外者であり、存在の惰性にどっぷり浸かって無気力な私は、もちろん世間の人々に向かって忠告する権利も能力も無いことをよく知っている。ある事柄に対して襟を正して何かを述べる準備ができているわけでもない私は、ようやっと私が仕事をしている雑誌に人の顔色をうかがいながら物書きをしてきたにすぎない。こんなものが他の人に見せることのできる文章といえるのかどうか、えらく疑問に思うが、私は九篇の題目が付けられた私の文章が一体どのようなジャンルに属しうるのかについてもよくわからない。五年間も人文社会科学の雑誌に従事してきたにもかかわらず、まともな論文一篇も書けなかった私は、私のこの散漫な文章をひとまずエッセイと呼ぼうかと思う。そしてそれらが私自身と私が経験した時間に対する一つの省察の方法論として読まれうることを、分もわきまえずに望む。いまだに私の周囲では、時間という河の水流が記憶のつまった石ころを柔らかく包み込みながら大海に流すのが歴史だという説教を訝しく思い、過ぎし日の自らの経験と傷痕をそれなりの名分を添えて市場でも交換価値を持った商品として差しだすことを拒絶する人たちが多いということを、私は知っている。かれらは共通して、過去を勲章や栄光ではなく、時代が残した深い傷痕を通じて見ようという人たちだ。私は過去に向かう私のまなざしが、その人たちのまなざしに少しでも似ることができればと願っている。それがひどい近視眼によって視界が閉ざされたものであるとしても。

二十年前に私が行なった行動によって、私は多くの人たちから非難を受け、また讃えられもした。そのいずれにしても過分な部分については、私がどのような態度で受けとめるかということが問題となろうが、あの出来事以降、生きてきながら受けた好意や手助けは耐えがたいほどの借りとして残っている。一冊の本としてまとめながら、感謝したい名前は無数に思い浮かぶ。他の名前を落としたとしても、私の友人、林志弦《イムジヒョン》教授に対してはどうしても感謝の心を表しておきたかった。ある共通の感覚が私たちを引き合わせたのかどうかは定かでないが、西洋史家である彼と出会い、共に過ごしたこの三年間は本当に幸せな時間だった。当然、この本のあちこちに彼との討論から得た思考が埋め込まれている。とはいえ文章の不器用さや間違いに対する責任はすべて私にある。七年前、出版の仕事に初めて足を踏み入れたとき、私はまだ一定の分量の原稿さえあれば本は自ずとできあがるものと思っていた。他の人が一所懸命士を盛っているときに、いまだにスコップでつついていた私を置いてきぼりにせず、とり仕切ってくれた出版社の同僚たちにはいつも申しわけないと思ってばかりいる。「苦痛の二十代」を一緒に耐えた私の古くからの友人とともに、今や大切な生の同伴者となったかれらにはことばが見つからないほど感謝している。

若い頃の傷痕は長いあいだ残るもので、長い歳月を経た今でも、たまに夢のなかで道を間違えて死刑場に連れて行かれるときがある。驚いて起きるたびに手を差しだしてくれる妻は、生きることの美しさを私に教えてくれるかのように、四年前に娘を生んだ。貧しい経済事情にも寛大に笑ってくれる妻のジヨンと、さえない父を信じて育ってもう五歳になった娘のジスを想うと、いつもみぞおちの脇が痛む。ただ感謝し、申しわけなく思うばかりだ。ことばを覚えはじめたと思ったら、接続詞や副詞を濫発する父のことばの習性に似てしまった娘に、「にもかかわらず」贈ることのできるものは「いずれにせよ」こんなものしか無いようだ。

二〇〇二年夏、格別な猛暑のなかで

文富軾

「はじめに」訳注

☆1　日本語訳は、『絞首台からのレポート』（栗栖継訳、岩波文庫、一九七七年）

☆2　チェコスロバキアで「人間の顔をした社会主義」を求める民主化運動（「プラハの春」と呼ばれた）が高揚しつつあった一九六八年八月、ソ連軍を中心とするワルシャワ条約軍がチェコを侵略し、この運動を潰した。

☆3　日本語訳は、『誘拐』（旦敬介訳、角川春樹事務所、一九九七年）

第一章　失われた記憶を求めて――狂気の時代を考える

時間の傷——そのかけら集め

もちろん私は知っている。たくさんの友人が死んでいるのに
私だけが生き残ったのはただ単に運が良かったのだと。昨夜の夢のなかで
この友人たちが私について話す声を聞いた。
「強いやつは生き残るんだ」
そして私は自分が嫌になった。

——ベルトルト・ブレヒト「生き残ったものの悲しみ」

一

銅雀洞《ドンジャクドン》国立墓地の東三〇・東三一墓域には二十余りの空挺部隊員の屍が埋められている。かれらは一九八〇年五月の光州《クワンジュ》で死んだ兵士たちだ。かつて国難を克服した英雄と呼ばれていたかれらは、光州が鎮圧された直後、自らの犠牲を称える軍楽団の荘厳な組曲が演奏されるなか、そこに葬られた

のだろう。当時、かれらの身分記録カードには、「八〇年五月全羅南道《チョルラナムド》光州において暴徒により死亡」と記録されていた。

　一九八〇年代のはじめでも、その場には、かれらの家族はもちろん、当時かれらと共に光州にいた空挺部隊の予備役兵たちの訪問が絶えることはなかった。しかしいつの頃からか、そこを訪ねてくる人々の数が減っていった。そうしていつの年からか、そこにはかれらの同志のかけた黒いリボンが、指先で触れたらぼろぼろくずれてしまうほどに色褪せて、ぶらさがっているだけになった。

　これは何年か前にある雑誌で読んだ記事の内容を思い出したものである。その記事の題目は「誰も光州を語らない」だった。光州を語る人が多くなるほど、むしろ耳と口を塞ぎ、それを自らの記憶のなかから消し去ろうと必死になっている人たちがいた。全斗煥《チョンドゥファン》や盧泰愚《ノテウ》のことではない。一九八〇年五月の光州に投入された空挺部隊特戦司〔特殊戦司令部〕の兵士たちの話である。かれらが今どのように暮らしているのかを追ったその企画の別の記事には、除隊後に対人忌避症に悩まされ、ある年に精神錯乱の状態で兄の妻を殺し、中学生になる甥に凶器を振り回してけがをさせた、特戦司出身のある兵士の話が載っていた。一九八九年に光州聴聞会が開かれたとき、彼はじっとテレビにかじりつき、何日も部屋の中に閉じこもり、食べも寝もしなかったという。その記事が書かれた一九九四年五月、彼は忠清南道公州《チュンチョンナムドコンジュ》にある法務部〔「部」は日本の「省」に相当〕の治療監護所にいた。

　その後、私はその記事のことを忘れていた。私たちが何気なく激動の時代とよぶ一九八〇年代を、私とは違う位置で生きてきた人たちへの私の関心は、再び歴史の激しい流れのなかに沈んでいった。一九九五年一一月二四日に「五・一八特別法」制定の方針が発表されることで、光州は、どのような理由であれ、その事件により深い傷痕を負い疎外されていた人々についての話から、巨大な歴史と事件の目録へと突然その地位を得ることになった。

私が光州を忘れたいと思ったのはむしろその頃からだ。全斗煥と盧泰愚が拘束される光景に拍手を送る人たちは、それを陣頭指揮していた当時のソウル地検長の崔桓《チェファン》という人物が、実のところ一九八〇年五月の光州の直後、全斗煥によって設けられた国家保衛非常対策委員会の内務分科委員だったという事実に、あまり関心を持っていないようだった。「五・一八特別法」の制定を誓った大統領・金泳三《キムヨンサム》が、その法律の制定起草委員長に任命したのは、当時五共〔第五共和国〕の憲法の先進性を力説した「民政系」議員の玄敬大《ヒョンギョンデ》だった。もちろん私と関連のある人物もいた。当時ソウル地検の公安部長で五共の捜査に手助けをした崔炳国《チェビョングク》。一九八二年当時、釜山《プサン》地検の公安検事だった彼は、私が「釜山アメリカ文化院放火事件」で拘束され取調べを受けたとき、「全斗煥政権は軍事ファッショだ」と言う私に、「お前はどうしてファッショが嫌いなんだ。俺はファッショが好きなのに」とうそぶいた人物だった。どうしてこんなことが可能になったのだろうか。かれらは一体どんな方法で、自らの魂に生じる混乱を処理することができたのだろうか。昔の主人に噛みつく鋭利な「猟犬」たちの魂と、国立治療監護所に収容され、時間の流れにとりのこされたまま毀れてしまった特戦司兵士の病んだ魂。

この二つのあいだにはどれほどの距離があるのだろうか。

「韓国のすべてのマスコミはドイツのゲッペルスの役割をすべきだ」と気炎を吐いた許文道《ホムンド》を記憶しているだろう。ヒトラー時代を生きたドイツの詩人ブレヒトは、その写真詩集『戦争教本』で、ナチの三人の巨頭であるヒトラー、ゲーリング、ゲッペルスが一緒に写っている写真の傍に、「お前たちの終末はワーグナー的であるはずだ」と書いた。ワーグナーの音楽を好んだヒトラー。ソ連軍がベルリンに進撃してくる日、彼は官邸の中庭でこめかみに銃弾が打ち込まれた状態で、恋人のエヴァ・ブラウンとともに半ば焼け焦げた死体で発見された。彼の終末はワーグナーの音楽のように荘厳どころか、つまらない三流メロドラマの最後の場面のようだった。しかし韓国でのファシストたちの没落は、水準の低いメロドラマにすらならなかった。それは一篇のよく仕立てられた喜劇公演である。十余年前、全斗煥の第五共和国の新憲法制定に圧倒的な支持を送った観客たちは、彼が故郷である慶尚南道《キョンサンナムド》の陜川《ハプチョン》の家から連行されて監獄に向かうや、沿道に群がり出て拍手を送った。しかし彼の故郷の人々は、朝食もとれずに引っ張られていく彼に同情し、この韓国的コメディに悲壮感を加え、劇的効果を高めた。法廷で検事は彼に死刑を求刑する。このくだりは明らかにクライマックスに違いない。ところが、誰も笑ったり泣いたりしない。これまた韓国政治コメディの特徴の一つである。というのも、彼に死刑を求刑する者も、彼自身も、そして観客中の誰一人として、彼が間違っても死刑にされると考える者はいなかったからだ。

それから二年後。韓国仏教最大の宗派が主催した全羅南道木浦《モッポ》での法会に、全斗煥が部下と共に参加した。現執権与党〔一九九九年当時〕の国民会議院内総務・韓和甲《ハンファガプ》が彼に話しかける。「ここで国民会議の入党願書を回しましょうか」。この発言に、座中の全員が顔をくずして大笑いした。その頃、チリの民衆を虐殺したピノチェトが、人道に反する犯罪者としてイギリスで逮捕されていた。☆1 それでも、わが全斗煥は余裕のある表情で笑っていたのだ。せいぜい彼の顔に卵がいくつか飛ばされた程度だった。

一九九九年五月一七日、私は光州のある団体から、光州民主化運動を継承するのに貢献した者として選ばれ、招待を受けて、セマウル特急列車に乗り光州に行った。宿である一級ホテルに着いてはじめて、私はこの行事に必要な費用がその光州の市長から出たことを知った。夕方にはYMCAの建物の屋上にのぼり、道庁の前で行われた光州民衆抗争の前夜祭の行事を見物した。それは一言でよくできた公演であり、祝祭だった。悲哀や悲しみのようなものは影すらも落としていなかった。何が空しかったのか、前夜祭が終わった後も、私は何かただならぬことが起こるのを待っていた。しかし忠奨路《チュンジャンノ》の角で、聞こえるか聞こえないくらいのかけ声が聞こえてきたような気がしたが、それきりだった。そこで私が聞いた話によれば、金大中《キムデジュン》大統領の執権期間中には光州で五月の話を聞けないだろうということだった。マンデラが大統領になった国、南アフリカ共和国では、もはや人種差別をめぐる議論がなくなったのだろうか。人種差別の是々非々の判断をするのは、彼が大統領になってからこそ本格的にはじめることができたのではないだろうか。翌日の五月一八日は、明け方から雨が降っていた。望月洞《マンウォルトン》新墓域で開かれた記念式では、大統領に代わり国務総理金鍾泌《キムジョンピル》が記念の挨拶を朗読していた。

五月光州がなくなったのは光州だけではなかった。以前であれば口を開くと光州に身を震わせていた一九八〇年代の運動圏出身者も、いつしか自分たちを「光州世代」とは呼ばず、「三八六《サムパルユク》」という数字で呼びはじめていた。年齢〔三十代〕と大学入学年〔八〇年代〕と出生年度〔六〇年代〕を組み合わせて自らの世代を説明しようとする情けない集団が世界中どこにいるだろうかとも思うが、運動圏を離れ政治圏に入学しようとするかれらが、過去を連想させる光州にあえて触れない心情は理解できなくもない。光州はもはや私たちをつなぐ共同の記憶ではない。記憶の糸を自ら手放してしまった私たちにとって、それは互いを居心地の悪いものにしてしまう厄介な記憶にすぎないのだ。

「強い者は生き残る」と言われていなかっただろうか。ここで強い者とは、自己への憐憫と生存の欲求が強い者のことをいう。弱い者は、共同の悲劇のある地点で、そのことを自ら諦めたり、守りえなかった人のことだ。一九八〇年五月光州で最後まで銃を持って道庁を守って死んだ人々は、そういう意味で強い者ではなく弱い者だった。そしてその人たちを殺した記憶のため精神に異常をきたし、法務部の治療監護所に閉じ込められているその空挺部隊の兵士も、ひょっとすると強い者ではなく、弱い者なのかも知れない。「記憶の装置」？　記憶という人間の崇高な精神的能力を自ら投げ捨てた大韓民国に、そんなものはない。「チリの戦い」という有名な三部作のドキュメンタリ映画を作ったパトリシオ・グズマン監督。[☆2] 一九七三年九月、ピノチェトの軍事クーデター後、[☆3] 二十三年間の亡命生活を終え、帰国して彼がその映画の後の続編としてつくったというもう一本のドキュメンタリー映画「チリ——消し得ない記憶」。その映画に、ピノチェトのクーデター当日、学校に行かなくていいと喜んだ子どもたちが、二十年後、大学生になって自国で初めて上映された「チリの戦い」を観て、ついに我慢できずに涙を流す場面がある。その中の一人の女学生は、泣き声で「私は今ようやく私の国に誇りをもてる」と言っていた。建国五十年。光州から二十年。私たちにはどんな記憶が残っているのだろうか。私たちの生きるこの国は美しく、誇りうるものだろうか。その映画には「チリの戦い」の目撃者であり、チリ民主主義革命の精神を忘れずにいるさまざまな証言者が出てくる。その中の一人はこう言っていた。「記憶というものには落とし穴がある。それははじめ自分自身を映し出す鏡なのだが、いつの間にか人々はそれをもてあそぶようになる」。記憶がしばしば武勇伝となり、捨て値で売られる国、大韓民国。ここでは誰もが、過ぎた日々の悲劇から目を背けたまま、魂の傷痕を持ち、あまりにも粗雑なゲームをしている。

時間の傷——そのかけら合わせ

ああ、難破した祖国よ
いまだわれらは愛国歌を口ずさむ
海に奪われぬ屍を積み
風の決起を待つ
どんな船も近くを通らず……

——林東確《イムドンファク》の詩「緊急送信 S.O.S.」から

二——「もし光州がなかったら、私はここに立っていなかっただろう」。一九八二年の「釜山アメリカ文化院放火事件」により死刑を求刑された日、法廷での最終陳述で、私はこう言った。光州の悲劇を、あたかも一人で背負っている者のように見せたくてそう言ったのではない。それまで私は生まれてから一度も光州を訪ねたことはなかったし、一九八〇年五月に光州で起こった具体的な悲劇の惨状を目撃したわけでもなかった。他者の悲劇に関心を持ち、そこに飛び込んで自らの義務を尽くそうとする思考や行動が、人間のどのような精神的な能力によるものなのか、私はいまだ正確には知らない。同胞愛や歴史意識のようなものでそれを説明することも可能なのかもしれない。しかしそんな高尚な感傷や意識が、死の恐怖と目の前で向き合っている状況で、一個体としての人間に実際のところどれだけ大きく作用するものなのか、判断する経験的な根拠を私は持ちあわせていない。ただ、時がある程度流れ、私たちが明らかな事実として受けいれ、信じて疑わないようにしていたことは、光州の悲劇が光州の市民だけのものではなく、私たちすべてにとっての悲劇であること、それに対する責任は、その日虐殺を命令した全斗煥をはじめとする新軍部にあり、またようやく知ることのできたかれらの残虐行為を黙認し、これを隠密に支援した米国政府にあるということだった。

その後この事実は、ほぼ一九八〇年五月の光州に対する韓国社会の通念となったと言っても過言ではない。そうなるためにはもちろん、覚えきれないくらいたくさんの人々の犠牲と、事実究明のための粘り強い努力が続いた。仮にいま大部分の人々が、一九八〇年五月から始まった歴史の流れを明瞭に記憶していないとしても、光州の抵抗と悲劇に対する歴史の記録それ自体がなくなることはないだろう。

社会的な啓蒙という次元では、一九九五年と一九九六年の歴史清算の作業がまったく無意味なことだったとはいえない。人々はそのプロセスを見まもりながら、「成功したクーデターは処罰できない」ということばをそのまま受けいれなければならないことからくる精神的な無力感から、ある程度解放された。この程度のことすらなかったならば、私たちは、後の時代を生きる子どもたちに、人を殺してまで権勢を享受した人たちは必ずその罪を償うことになると言うことのできる最小限の根拠さえ得ることができなかったかもしれない。もし一九八〇年五月の光州が全斗煥と新軍部だけの犯罪であり、したがってかれらによって殺されたり傷を負ったりした光州市民たちの犠牲についての問題だけだったとするならば、光州の記憶は、一九九六年のある時点で終わってもよかっただろう。たとえば、ある家に強盗が押し入った。その強盗は凶器で家の主人を殺し、その家にあった大事な物を盗んだり壊したりした。その後、強盗は警察に捕まり、裁判を受け、監獄に収容された。残された家族は強盗が死刑になるか、一生監獄に暮らすことを願ったが、自分たちの親しい親戚が現れて、もうそのくらいにして、彼を赦し和解しなさいと言った。その親戚のことばを無視するわけにはいかないので、家族は強盗を赦すことにした。それでその事件は終わったこととして処理されることになった。

一九八〇年五月に光州で起こった事態に対しても、このような仮説は成立するだろうか。戒厳令の解除と民主化を要求していた光州市民の前に戒厳軍が現れた。全斗煥はかれらに発砲を命令した。光州の市民を暴徒だと思った兵士は、何の疑いもなく銃を撃ち、剣を振り回した。光州の市民は窮地に追い込まれ、恐怖におののき、銃をとった。いまやかれらが頼ることのできるのは、二つのかすかな希望だけだった。無慈悲で野蛮な銃口の前で、人間としての最低限の義務は、抵抗しなければならないということ。そしてもう少し辛抱すれば、同じ血を分かつ同胞が自分たちを助けるために駆けつけるはずだということ。しかし、その日そこにかれらを助けるために駆けつけた人は誰もいなかった。五月二七日の明け方、鎮圧軍の最後の殺戮が行なわれたその日、その時間、光州の兄弟たちはお互いを助けることすらできなかった。

私の知っている一九八〇年五月の光州の真実は、これ以上でもこれ以下でもなくまさしくこのようなものである。その日の光州に居合わせもせず、髪の毛一本も傷つかなかった私が、光州は終わったとまだ考えられない理由も、まさに難なく確認できるこの簡単な真実のためだ。誰もその年の五月、光州に駆けつけなかったこと。光州以外のどんな地域、どんな都市も光州の市民の叫びには呼応しなかったこと。その日光州に全斗煥はいなかったこと。代わりに彼の命令により光州市民を殺害したある兵士が、いま精神障害で国立治療監護所に収容されていること。その他の兵士は誰一人として光州を訪ね、謝罪したことがないこと。全斗煥・盧泰愚のいない第五共和国と第六共和国はそのまま存在しているということ。そして少なくとも一九八〇年五月の光州における悲劇的な事件が、その住民や住民を殺戮した軍部だけではなく、その事件と結びつく韓国社会の構成員全体に関連する事件だとするならば、その光州はいまだ正当に清算されてもいなければ、その傷が治癒されてもいないということ！

ある時代の野蛮とそれが残した傷は、忘却や忌避によっては克服されえない。全斗煥が再び執権し、銃剣で光州を踏みにじり、そこにある望月洞墓域を拡張し、再び光州を暴徒の都市にする可能性は、もちろんほとんどない。野蛮に対する私たちの理解が、狂気による肉体の抹殺という限定されたものにとどまるならば、そのような野蛮の歴史はある時点で終わったのだと断定してもいいだろう。しかし、野蛮の支配を狂気による精神の支配、すなわち人間の魂を奴隷にし、その肉体さえも偽りのスローガンと虚偽の価値に従属させ、消尽させる総体的な悪の支配として理解するならば、いま私たちが持っている希望はあまりにも不実で危ういものとなる。少しもすまないという態度を見せない全斗煥・盧泰愚と五共・六共の共犯者たち。かれらに一所懸命色目を送る、過去の野党であり現在の執権者たち。いつしかかれらの横や後ろに立ちはじめた過去の在野の闘士たち。毎日明らかになるかれらのあいだの共謀と腐敗。しかし選挙のときになれば、かれらに票を入れる有権者たち。私の知る限り、このように極めて韓国的な、現実の矛盾した状況に対して、私たちの政治学はいまだすっきりした説明をできないでいる。狂気がいまだ理性を嘲弄する時代？　一九八〇年代が特殊な狂気の時代だったとすれば、いま私たちが目撃しているこの時代は、日常的な野蛮の時代なのだろうか。

一九八〇年代、私たちのなかの少なくない人が光州を語って監獄に行ったり、命を落としたりした。その理由は、何か巨大な歴史的召命である以前に、私たちがみな一九八〇年五月の光州に駆けつけることができず、沈黙していたという事実のためである。あれから二十年後、この一九九〇年代最後の時間のなかで、私たちが再び光州を語らなければならないとすれば、それはそのとき私たちがみな何もしなかったという事実を、集団的に忘却し隠蔽しようとするからだ。「忘却はもう一つの虐殺のはじまり」とある詩人は語った。忘却に関する限り、いま私たちはみな共犯者ではないだろうか。全斗煥を赦す前に、私たちは私たち自身をあまりにも容易に、あまりにも素早く赦してしまったのではないだろうか。

二―二 「ドイツの狂気をつくったものはヒトラーであると同時に、ドイツの狂気がヒトラーをつくったということができる」。これは、米国の精神分析家ウォルター・C・ランガーという人が第二次世界大戦の終結直前の一九四四年の初めに作成した米国OSS極秘報告書『ヒトラーの精神分析』[☆4]のなかに出てくることばである。このことばが事実だとすれば、次のような質問も成立しうるはずだ。「一九八〇年の五月の狂気は何よりも全斗煥から出たものであると同時に、それは私たちすべての持つ狂気だったのではないか」。ちょうどこのことへのヒントとなるようなヒトラーの「名言」。「偉大なる雄弁家は、聴衆の大多数が隠密に考えているが口に出せないことを言う人間である」。では全斗煥は、あのとき、私たち大多数が「隠密に」期待し、願っていたことをただ代わりに遂行しただけなのだろうか。

権力は、支持する群衆が存在してこそ成立し保持される。「権力なき群衆」は、現実的には存在したためしがないが、「群衆なき権力」は仮説としても不可能である。ところが極めて自明なこの事実は、なぜ一九八〇年五月の光州に対する私たちの理解には適用されないのだろうか。「私たちはみな全斗煥であり、盧泰愚である」ということばは、すべての人が一人残らず偽りの権力への加担者だったという意味から出たものではない。ある人々は言うだろう。そのとき、私たちは全斗煥を支持していなかった。私たちはただ怯えていただけなのだ。それは間違いない。またある人はこう言うかもしれない。一九八〇年当時、民主化の力量が全国民を説得し、野蛮を防ぎきるには力不足だった。これもまた間違った説明ではない。一九八〇年の「ソウルの春」として記憶されている、その無数の民主化のための努力は、私たちが歴史の反逆に対してただ沈黙していたわけではなく、傍観していたのでもなかったという証拠となりうる。しかし、一つの社会の変化を、対立する集団間の現実的な力関係として理解するこのような説明は、常にそうであるように、歴史の一面だけを明らかにするにすぎない。

個人対個人の争いにおいても、一人が完璧に敗北するのは、力が及ばなかったという事実と、内面的な屈服とが同時に作用するときである。相手の圧倒的な力に倒れるときも、内面的に屈服しなければ、敗者はまったく異なる態度を見せることがある。歴史的な不正義にぶつかった個人と集団の場合も同じである。ここでは現実的な力量も重要だが、それとともに道徳的な態度と内面的な姿勢（個人的な次元だけでなく集団的な次元でも）もまた同じように重要な評価の基準となりうる。一九八〇年五月の野蛮に私たちはどのように対応したのか。一九八〇年五月一五日、「ソウル駅の回軍」に対する評価は、戦術的なレベルの問題なのかもしれない。しかし、一九八〇年「ソウルの春」における民主化の熱気は、なぜ一九八〇年五月の野蛮の前でいかなる行動も見せなかったのか。現実的な力関係に依拠する説明だけで、私たちは当時光州を除く他の地域での徹底した沈黙をすべて理解することができるだろうか。新軍部の物理的な力と残忍さに対する恐怖と畏れだけをもって、私たちの傍観を十分に弁明できるだろうか。いっそのこと、私たちの良心と道徳（その背後にある私たちの社会的な欲望）は、野蛮を容認したと言ったほうが正しいのではないだろうか。

私たちはまだ一度もこの事実に対して集団的な懺悔の経験をしていない。過去二十年間、望月洞に向かった巡礼の行進と、これまで続いてきた五月の記念行事のなかで、死んだ英霊たちへの生き残った者の恥ずかしさは数え切れないくらい告白されただろう。しかし、ここでいう集団的な懺悔とは、そうした告白行為だけではなく、省察の作業を含むものでなければならない。それは、他でもなく一九八〇年五月、私たち全員を抑えつけていた狂気の実体と、正直に、そして全面的に対面することからはじまるだろう。その日、光州を踏みにじり、私たちの良心を麻痺させた狂気の真の実体は何なのか。一九八〇年の民主化に対する熱望は、なぜ呆気なくその狂気に屈服したのか。あの狂気は全斗煥だけのものだったのか。そうでなければ、それは私たち皆の内面に深く居座っている反理性の別の名前——韓国的近代の国家理性——なのか。

私の信ずるところでは、一九八〇年五月に見られた狂気の実体は国家暴力である。あれは特定の政治軍人の犯罪行為ではなく、国家の犯罪行為だ。当時、新軍部は公式的に執権した集団ではなかったが、国家権力の大部分を掌握していたという意味で、「国家」だった。国家を自任していたこの権力が、国家保衛という名目で人間を虐殺したのだ。

国家は抽象的で、権力は具体的だ。権力は抽象的な主体である国家を通じて自らを正当化させる。これがまさに国家主義の作動するメカニズムである。国家主義とは、国家の正当性を動かぬ真理として受けいれることを強要する理念である。一九八〇年五月の全斗煥の暴力を黙認したということは、私たちが彼の権力を国家として受けいれたという事実を意味する。

全斗煥の光州虐殺は、全世界の良識ある者を三度驚かせたという。最初はまず、その暴力の持つ絶対的な野蛮さのためだった。一九八〇年五月以降、自国で放映された特集放送を通じ光州に接したドイツ人は、このように言ったと伝えられている。「ヒトラーは残忍だったが、自分の同族を一度に、無慈悲に殺したりはしてはいない」。しかし、同族を相手にした虐殺行為は、「キリング・フィールド」[☆5]を含め、第三世界の独裁国家では少なからず行なわれたことであり、その意味で光州虐殺はまず野蛮の典型として理解できるだろう。しかし二番目の反応はかなり異なる。それは光州虐殺以後の全斗煥に対する韓国国民の支持だった。どうして全斗煥は光州虐殺の後、あれだけ短い時間のうちに国民の支持を獲得できたのだろうか。三つ目の反応もまたそれと関連している。それは光州で示された、韓国軍部の無慈悲な速度の虐殺行為と事後処理に対する驚きである。

ここで注目すべきなのは、二つ目と三つ目の反応である。光州虐殺は、第三世界の独裁権力の野蛮行為とは明らかに異なる特徴を持っている。それは、何よりも国家権力が他のどの国とも比較できないほどイデオロギー的な優越性と正当性を独占していたところにある。他の国の場合、虐殺とテロ行為は特定の階級や、特定の人種、あるいは明白に敵対的な地域を対象にする場合が一般的だ。そして暴力を使用するときにも、説得力のある名分よりも原始的な暴力の威力の方が目立ってしまうだろう。しかし光州の場合は違った。光州は不正義に対する抵抗の伝統が強い都市ではあったが、だからと言って一九八〇年の状況で唯一光州だけが虐殺の対象となるには、権力が掲げる名分はあまりにも弱いものだった。南派スパイ〔北から南に派遣されたスパイ〕の内乱煽動、武器を奪取した暴徒による軍人の殺害、こうしたことが名分になったりはしたが、これまたあれほど無慈悲な虐殺が行なわれるための十分な名分にはならない。国家の混乱と北朝鮮の南侵の脅威という権力の言説が、根深い反共主義（意識）を全面化させたと言うこともできるが、これだけで光州における悲劇をすべて説明することはできない。いや反共主義だけで、他の地域のほぼ全面的な沈黙を説明するのは、一面的な解釈だ。果たして韓国社会で権力は、どのような手続きを通じても、どれほど見慣れぬ様相のものであっても、反共主義という言説だけで一地域の住民を集団的に虐殺することができ、さらにその後あれほどまで早い時期に広範囲の支持を通じて正当化されえたのだろうか。むしろ私たちがより深く注目しなければならないのは、「どのような名分を通じて」ということよりも、どうしてそんな名分が、その抽象性や常套性にもかかわらず、光州以外の地域では強力に受容され、新軍部集団が「国民的」な支持を引き出せたのかという点だろう。

まさにこれを理解するための鍵が国家主義である。南と北を問わず、朝鮮半島において国家とは途方もない神話である。まず帝国主義の支配により「国」を奪われた経験は、第三世界一般と同様に、（国民）国家にアプリオリな正当性を付与する要因として作用した。独裁者李承晩《イスンマン》が、今でも大勢の人々にとって「国父」であるということは、私たちの意識に権力者（集団）と国家とを分別する能力が十分に形成されてないことを意味する。さらに一九五〇年に勃発し、三年間続いた朝鮮戦争は、互いが相手に加えた物理的な力と敵愾心だけでなく、休戦後の南北間に世界で類をみないほど敵対的な二つの国家をつくりあげ、南と北は、軍事最優先主義と経済力の優位を通じて相手を制圧することを国家の至上目標として設定した。

南北朝鮮において、反国家的行為や反権力行為は、それを罪悪視する強度が他の第三世界の国のそれと異なる。他の国ではそれが主として権力集団の恣意的な判断に依存しているとしたら、朝鮮半島の南北では、全国民的な支持に根拠している。そうした根拠のうえに、国家は反国家的な行為をした人間から人間性自体を剥奪する権利を持った。国民はその人間が監獄であらゆる非人間的な処遇を受け、四十年以上閉じこめられていたり、あるいは暴力によって死に至ることになったとしても、特別な関心を持たない。私たちの内面は、このように長期にわたって国家主義の強力な支配を受けてきたのである。反共主義という理念も、これを留保させ持続させる権力側や、それを受けいれる社会構成員の側において、国家の存在様式を維持・受容するための理念的な機制なのである。ちょっと考えると反共のために国家の存在様式が決定されるように思えるが、韓国的近代（国民）国家の存在様式に対する一定の「合意」が、反共主義という理念的な志向性を産み出し、それを支えていると見るのが、もう少し本質的な理解だ。まさにこの韓国的（国民）国家に対する信仰――国家主義こそが、光州虐殺があれほどまで無慈悲な野蛮だったにもかかわらず、私たちを沈黙させ、野蛮の権力が国民的な支持をあれほどまで広範囲に受けた根本的な原因なのである。

とすればいま一つの問題が残った。全斗煥新軍部による無慈悲な速度の虐殺行為と事後処理！　この問題こそ、まさに韓国で三十年を超える歳月の間、なぜ軍部独裁（軍事的権威主義の体制ともいわれる）が可能であり、私たちの社会構成員の大部分がそれに支持をおくってきたのかという問題とも関連している。一二・一二軍部内のクーデターから一九八〇年八月二七日の大統領就任まで、どのように全斗煥は短い時間内で権力の頂点にのぼることができたのだろうか。私は韓国の国家主義の土台は、反共主義と近代化主義と速度主義の結合体であると考えている。全斗煥に先だち、朴正熙《パクチョンヒ》が十八年間も絶対権力を維持できたのは、彼が軍部や中央情報部などの統治手段を通じて、国家権力の上層部から一般大衆にいたるまでを掌握し、買収に成功したことによるが、何より彼の権力は彼が打ち出した近代化のシナリオに対する国民的支持があってこそ可能だった。米国と日本をモデルに、かれらが百年以上かけて成し遂げた近代化を、自分の自然的寿命が終わる前に、短期間で成しとげるのだという盲目的な確信。彼が死んだ後も、私たちのなかに厳然と存在する彼の神話とは、ほかならぬ速度の神話である。韓国民衆の生を崖っぷちに追い込みながら、人間の生命に内在している活動力が消尽されるまで圧搾し、駆り立て続けるという盲目的な速度の近代化。私たち国民はそれに熱狂した。そしてついにこの狂的な速度崇拝は、私たちから人間らしさのための自己反省の時間と可能性を剥奪した。教育を通じては、自己省察の能力のない受身型の人間だけが量産された。無慈悲な速度の光州虐殺と事後処理。迅速な権力の掌握。全斗煥と新軍部こそが、速度崇拝の社会で国家権力を担当するのにもっとも相応しい集団だった。その意味で、私たちが全斗煥の野蛮を「容認」したという言葉は正確な表現ではないかもしれない。私たちに祖国の近代化を約束した朴正熙の死によって生じた空席。私たちの大多数は、彼が約束した楽園を代わりに実現してくれる決断力のある権力を「待ち焦がれて」いたのかもしれない。「金大中は危険で、金泳三は無能で、金鍾泌は腐敗に関わっている」という米国外交官や韓国軍部の評価は、ともすると当時の国民の大多数の考えと同じだったのではないだろうか。

国家主義の呪術は、考えられている以上に恐ろしく驚くべきものである。それはまず、人間の理性を麻痺させ反理性へと導き、人間が持つ魂のもっとも重要な能力である憐れみの感情を奪っていく。私たちがそこから自らの意識を分離させせない限りにおいて、潜水艦に乗ってきた北朝鮮の若者たちを、韓国の軍人が無慈悲に殺す光景を前にしても魂の苦痛を感じずにすむ。なぜならば、国家が人間性を認めないかれらは、人間ではない、ただの武装共匪《ムジャンコンビ》であるにすぎないからだ。私たちはタイハーン〔ベトナムで韓国人を呼ぶことば。「大韓《テハン》」からくる〕によって虐殺されたベトナム良民に対しても、すまないと思う義務がない。タイハーンは国家の命令に従い、自由を守護するため、妊婦の腹に剣を刺し、子どもの頭に銃弾を打ち込んだだけだからだ。すべては国家がしたことであり、私たちはただ国家の代わりに行動したに過ぎない。だからといって、私たちは自らを反理性的な人間だと考えはしない。そのとき私たちがもつ理性が、私たち自身のものではない「国家理性」であるという点を知らないだけだ。

光州も同様だった。光州から十年が過ぎた後、取材しに来た記者に、当時戒厳軍であった空挺部隊の兵士たちが口を揃えて言った言葉がある。「われわれは軍人である。命令に従うしかない立場だったのだ。正しいか否かを問うのは他の人々の役割である」。その中の一人はこのようにも言った。「再びそこに行くことになったら？　俺が軍人である限り、命令に従って同じように行動するんじゃないだろうか」。

「道具的人間」？　ハンナ・アーレントが私たちに教えてくれたことのなかに、ここで私たちが反芻すべきことは「悪の凡庸さ」という概念である。イスラエルのイェルサレムで開かれたナチ戦犯のアドルフ・アイヒマンの裁判の過程を見た彼女は、アイヒマンがユダヤ人抹殺という反人倫的な罪を犯したのは、決して彼の悪魔的な性格のせいではなく、何も考えずに職務を遂行する「思惟しない」ことにあるとした。☆6 この点においては李根安《イグナン》も同じである。一九八〇年五月の光州でただ命令に従っただけの空挺部隊員と同様に、彼もやはり国家が命令する通りに、人の関節をはずし、水に濡れた体に強弱を変動させながら電流を流した。彼の兇悪に見える顔は、実のところ彼が持つ「凡庸さ」に比べたら別に重要なことではない。彼は長い逃避生活の大部分を家族とともに過ごし、まるで苦行する隠遁の修道者のように聖書を読み、三十冊あまりの本を執筆した。私が本当に不思議なのは、彼がどうしてそのように長いあいだ、精神が傷つくこともなく、自らが拷問した人々の悲鳴を忘れて過ごすことができたのかということであり、また、そのような彼と、その家族はどのように接し、受けいれたのかという点である。私の見るところ、彼の家族が彼を責めたり追い出そうとした痕跡は見当たらない。まさにこの点である。国家主義を支える基本単位は個人ではなく家族（主義）である。家族の安全と幸福のためだという動機づけがなかったら、個人は国家主義に日常的に動員される意志を持たなくなるだろう。一方、道具的人間の精神的な葛藤を解消してくれるのは、まさにこの「無道徳的家族主義」にある。不思議ではないだろうか。私たちの家族は、父と長男の犯罪や不倫はすぐに赦しても、母と娘の些細な過ちは簡単に赦さない。国家と通じる家族の窓口は、可能な限り単一のものが望ましいとされたことから固着化した慣習である。国家主義はすべての家庭を凡庸なものにする。私たちは自分の犯した罪を、家に帰ってみそぐ。それを反復しながら、凡庸な人の姿で悪に賛同しているのだ。

これが国家（主義）という現代の神の摂理である。だがこの摂理は、国家と自分を完全に一致させる人だけに作用するのではない。一九八〇年五月、戒厳軍と戦った光州市民軍の車にはためいていた太極旗を思い出してみよ。かれらは自分たちを銃と戦車で踏みにじろうとする国家権力に、太極旗を振り回しながら、「愛国歌」〔韓国の国歌〕と「本当の男《チンチャサナイ》」〔軍歌〕を歌いながら抵抗しようとした。一九八五年五月、光州虐殺を幇助・支援した米国政府に抗議するためにソウルのアメリカ文化院を占拠した「三民闘」〔「民族統一、民主争取、民衆解放のための闘争委員会」の略〕の学生たちの胸に貼られていた巨大な太極旗を想起してみよ。かれらは米国に抵抗するほど意識の水準が高かったが、いざ自分の胸にかけた太極旗が国家主義のイデオロギーの記号であり、象徴たりうるとは考えてもいなかった。私たちが一九八〇年代の法廷で「国家」保安法によって断罪されながらも、「大韓民国万歳！　民主主義万歳！」と叫んだとき、私たちは祖国大韓民国がただの一度もまともな民主主義を経験してない前近代的な国家（あるいは暴力的な近代国民国家）であるとは考えてもみなかった。私たちにとっての国家とは、いつまでも命をも捧げるべき愛情の対象だった。全斗煥は国家を一時的に汚し、侮辱しているだけだ。私たちは国家を「良い権力」に代替させるべきだ。これこそが革命であると、私たちは考えていたのだ。

まさにここにおいて国家社会主義の狂気に対抗したドイツの反ナチ抵抗運動と、私たちの反独裁運動との一定の違いが明らかになる。かれらはナチの狂気を体験しながら、ドイツ近代化の過程で辛うじて勝ち取った資産である自由と理性を、ただ一つの抽象的主体である「国家理性」ヒトラーに献納して、自らすすんで浅薄な群衆へと転落していった自分たちをそれなりに反省し、自律的な市民として自分たちの存在を一定程度再生させた。一方、「第三帝国」の崩壊を通じて国家の神の終末を経験したドイツ人たちとは違って、私たちの国家主義はこれまでまったく克服されないまま残っている。繰り返せば、権力が挑戦されることはあっても、国家自体が疑問視された経験は、ただの一度もなかったのだ。

私たちの大多数は、光州虐殺を光州だけの問題とみなすか、国家権力の意図に従い光州を他者化することによって生き残ろうとした。そして野蛮の権力に対抗しようとした少数の人々さえも、それを克服する道を上層部権力の交替に限定するか、根本的な革命を想定した場合でさえも、それを国家権力の階級的性格の変化とみなすことで、その後の現実的モデルとして考えていた現実社会主義（あるいは権力掌握を目標としたその運動）の没落とともに、自らを解体させた。もう一度強調するが、光州の悲劇とは狂気に満ちた国家権力によって行なわれた市民虐殺だった。私が集団的な懺悔の必要性を提起したのは、一九八〇年五月に現れたこの野蛮の実体を直視することで、それを正当化するイデオロギーとして作用してきた国家主義の呪術から脱し、国家権力によって犠牲となった個人的／市民的な自由と理性とを回復する道を、共に見つけ出そうという提案をしたかったからである。私たちは再びこのような問いを投げかけるべきである。私たちにはまだ、一切の国家行為を批判しうる個人／市民が広まることを通じて、過去の社会運動の構造的な無能力を克服し、脱権力化された市民／人間の共同体を夢見る可能性が残っているのだろうか。

二—三　ついに金大中政権の時代が幕を開けた。五十年ぶりの政権交替。ここまで来るのにどれほど多くの忍耐と犠牲とがあったことだろうか。二度にわたる文民政府の経験と改革の名分の下でなされた部分的な改善により、私たちはいまや一九八〇年のあのむごたらしい野蛮の狂気を繰り返し経験することはないだろうという希望を持つようになった。しかし希望が始まる瞬間から、それが裏切られるかもしれないという不吉な予感を持つようになった。全斗煥の期待どおりに大統領となった金大中は、監獄を開き、そこに入る前のままの姿で彼を釈放した。「国民の政府」は、このことについて、国民に何ら同意も求めなかった。はたして誰が、何が勝利したのだろうか。理性なのか、それとも野蛮なのか。私たちの理性は、このときから大きな混乱に突き当たった。全斗煥は過ちを悔いたことがないのに、私たちは彼を赦したことになった。光州の真実は依然として隠蔽されており、その悲劇の現場で傷ついた人たちがまだ治癒されてもいないというのに、五・一八は祝祭になってしまった。野蛮は？　あの野蛮の凶暴な実践者たちは？　免罪符を受けたかれらは、いま堂々と自由競争の政治秩序のなかへと進入した。何をそんなに急いでいたのだろうか。国民大和合と地域主義の克服？　それとも「共同政権」の維持と政権再創出のための事前の布石？　和解の使徒、金大中は自分を殺そうとした朴正熙を赦し、死んだ独裁者の記念館の建設を国民の税金で支援することを約束した。そしてこう問いかえすのだ。「被害者が加害者を赦すとは、これは何と美しいことではないでしょうか」。朴正煕の開発独裁時代の、あの数知れない歴史の犠牲者たちの苦痛と血の涙と怒りをすべて自分がとって代ることができると信じ込んでいる、このとんでもない傲慢さ！「ファシスト＝真理を独占する者」、「全体主義＝人間個々人の政治的行為能力の没収を通じた国民疎外の政治秩序」。そうだとすれば金大中の朴正煕化？　新たな性格の全体主義を予告する不吉な兆候？　あの数知れぬ無念の死と魂の傷を放置したまま、二十年という長いあいだ、私たちは結局のところ退行の道を歩み、一九八〇年五月以前に戻ってしまったのだろうか。

時間の傷——治癒の道を求めて

道を知っているなどと、僕は言えない
だが僕は見たのだ、ふりむいて
道のおわりではなく、はじまりをみつけたとき
道でなく、道からはずれ、道をみたときに
道は、あの荒い大地のものだった

——白無産《ペクムサン》の詩「道は広野のものだ」から

三　一九八〇年代と一九九〇年代のほぼ二十年間を、私は一つの事件に縛られていた。私の記憶の中には、いまも二十年前に釜山の松島《ソンド》の海辺の片隅にしゃがみこんで泣いている、みすぼらしい神学の学生一人がいる。高い歴史意識があったわけでもなく、その時代の他の大学生より批判的な社会意識

が確固たるものとしてあったわけでもない、ただ平凡な神学の学生にすぎなかった私が、その時なぜそんなに身悶えていたのだろうか。おそらく一九八〇年代の多くの魂がそうだったろう。たとえ一度も行ったことのない所であっても、自分が暮らしている国の都市で数多くの人々が無念な思いで死んでいったという事実を前にして、私もまた深い傷を負ったからだ。私はそのときある人を思い浮かべていた。ナチズムの狂気が最後の威勢を振るっている二十世紀半ばのドイツで、ヒトラーの暗殺計画に加担し、処刑された青年神学者ディートリヒ・ボンヘッファー。[☆7]残酷な虐殺の時代にキリスト者になるとは何なのかを自問し続けた彼が、投げかけた問いの一つ。「もし狂人が通りで自動車を暴走させたとすれば、私は牧師として、その暴走の犠牲になった死者の葬儀をあげ、その身内の人たちを慰めることができるだけではすまされない。むしろ私はその車に飛び乗り、その狂人から自動車のハンドルを奪いとらなければならないのではないだろうか」[☆8]。私は、自分の生きている時代もまたそうした問いを発するしかない野蛮と狂気の時代だと考えていた。

「例外的な時代には例外的な行動をとるべきだ！」とでも信じていたかも知れない。だから私と私の友人は、釜山アメリカ文化院に火をつけた。光州の悲劇を想起させ、米国と全斗煥の汚い結託を告発できるのであれば、誇張なく言って、私は「私の命も捧げられる」と思っていたのだ。ところがその事件で大学生が一人死に、何人もが怪我をした。私たちは本当に当惑し、戸惑った。人を殺害した罪悪を告発しようとして、人を殺してしまったという、この矛盾に満ちた、とんでもない結果をどうすればよいのか。死者の前で、私／私たちは限りなく恥ずかしく、恐れ多かった。このこと一つとっても、私は一九八〇年代の他の良心犯とは違った。私は法廷で無罪を主張しなかったし、十年近い監獄生活を送りながらも、ただ一度もそのことを納得しがたいと思わなかった。もし私に本当に魂の悔いがないとしたら、一九八〇年五月の光州で罪のない良民を虐殺しても、平然としている狂暴な軍部とどこが違うだろうか。

「私たちが最善の道徳的確信にもとづいて行動したとしても、私たちの行動によって良い結果が証明されなかったら、私たちの確信が最善のものであったことをどのように示すことができるだろうか」。これはいつか読んだ金禹昌《キムウチャン》氏の文章だ。彼の別の文章にはこんな指摘もある。「道徳的な名分と社会的な競争は、肯定的にも否定的にも政治的な熾烈さを生み出す。しかしこの熾烈さの両義性よりもっと重要なことは、道徳と名分の一致が、道徳からその深さと真の意味とを奪っていくことである。道徳が名分となるとき、それは自ら考え判断し同意するという内面の過程ではなくなるのだ」。

「道徳が名分になるとき」……。このことばは、死を強要する秩序に死をもって抵抗しようと突っ走っていた私の若い日を振り返らせてくれることばだった。いつの頃からか、私は過去の傷を振り返りたいと思うようになった。それは、ある歴史的な事件が残した時間の傷は、時間の流れによって治癒されないこともあると考えるようになってからのことだった。時間の傷は時間を遡り、それと絶えず対面しようとする省察の過程（自らの道徳的正当性までも疑問視する）を通じてのみ、治癒されうる。

「量は空間を占有しようと互いに争い、質は互いの欠陥を埋める」。ディートリヒ・ボンヘッファー牧師が、死刑を待ちながらしたためた書簡に出てくる一文だ。量と速度に権力と大衆がともに陶酔していたファシズムの時代を洞察した、ある若い神学者の警句を、私はあるときから忘れてしまったのだろうか。

私は自分の運命を変え、またそのことで私の魂の傷と負債になった一つの事件を通じて、自らを反省することができるようになったことを感謝している。私は「命をかけて闘う」ということばをあまりにも簡単に使った。「極端な道徳」！　それはもともと私たちのものでなく、朴正熙のようなファシストたちのものだ。「命をかける闘い」？　それは私たちよりも先にヒトラーや朴正熙が試みたことだ。生のための闘いを、闘いのための生に変質させること、それこそがファシズムの根本的な害悪である。「どうにかして民族のこの危機を救い出したいという決心が私を夜も眠れぬようにした」と言った朴正熙は、漢江《ハンガン》の橋を超え、民主主義を破壊し、軍事ファシズムの種を蒔いた。「強烈な情熱の暴風だけが、国家の運命を変えることができる。しかし、その情熱はそれを持った人だけが呼び起こすことができる」とヒトラーは言った。

かれらの過度な情熱がつくりだした世界とはどんなものだったか。冷酷で孤独な頂上に向かって、一直線に突っ走る世界。頂上に向かうという目的に役立たない、付随的だが多様で本質的なものを軽蔑する世界。そして恐ろしいほど効率だけを追求するこの世界を韓国に築こうとした結果は、残酷な光州の悲劇として、三豊百貨店《サムプン》の崩壊として、仁川《インチョン》の居酒屋火災としてあらわれた。もう一度、この過ぎ去った二十年と光州を振り返ってみよう。私たちはそこで何を見たのだろうか。一九八〇年五月、私たちは民主主義を叫ぶ光州市民たちに向かって、錦南路《クムナムロ》を横切って突っ走るキャタピラの恐ろしい疾走を見た。それだけか。私たちはほかにも見ている。速度が停止した道端で、権力の奴隷ではなく自分が人間であることを確認する人々の輝かしい歓喜を。その上に広がるつかの間の青空と、それが暗示する新しい世界を……。暴力的な国家権力と人間の間の距離を感じとったその時間（十日間の光州）にまた戻らなければならない理由があるとすれば、それは暴力的な韓国的近代国家の時間を、一瞬であれ停止させた人間の時間がそこに存在していたからではないか。

もはや極端な情熱を持つ者がいかに呪術を唱えようとも、朴正熙の維新体制のような、全斗煥の軍事ファシズムのような、一九八〇年五月の光州の悲劇を強要したそうした悪魔的な世界が復活することはないだろう。しかしファシズムは、極端な形態の政治体制としてのみその生命を維持しているのではない。その本質は、ある特定の政治体制にあると言うよりは、人間が他の生命と自然を含んだこの世界を、自らの技術的統制下に置こうとする近代的な人間中心主義と、経済的な価値を人間的価値の優位に置く近代資本主義体制の欲望の構造にその根を降ろしている。少しだけ思慮深く見まわしてみれば、このようなファシズムの遺産はいまだに、いやより広くより深く、私たちのなかに残っている。権力者だけでなくそれに抵抗する者をも魅了し、引き寄せる権力の威力。すべてを価格に換算するまでは気が済まない物神主義《フェティシズム》。生き残るための日々の殺伐とした生存競争。勝利者にならなければ生を営むことができないと思う焦燥心と、勝利すればすべてを踏みにじってもよいと思うおぞましい権威主義。こうしたすべてのことを通じて、ファシズムは今日私たちのなかに生きている。私たちはいまこの瞬間にも、依然として二つの世界観が互いに争い、対立しているのを知っている。「周知のとおり、人には各々の値打ちがある。しかし大体の場合その値打ちがとても低いことを知ったら驚くだろう」(ヒトラー)。「あらゆる人と事物がどれもそれなりに貴重な意味と目的を持っていると信じている人は、ファシストになれない」(あるエコロジスト)。あのむごたらしい狂気の時代にも生き残った私たちは、果たしてどちら側に立つのか。

「第一章」訳注

☆1　一九九八年一〇月、手術のためにロンドンの病院に入院していた元チリ大統領のアウグスト・ピノチェトはロンドン警視庁に逮捕された。これは、チリ軍政時代（一九七三〜九〇年）の人権侵害を調査していたスペイン司法当局の要請に基づくものであった。

☆2　「チリの戦い」三部作（一九七五〜七九年）は、第一部「ブルジョワジーの叛乱」、第二部「クーデタ」、第三部「人民の力」から成る。日本では未公開。

☆3　南米チリでは一九七〇年、世界史上はじめて選挙を通して社会主義政権が誕生した。鉱山企業の国有化などの社会主義政策を推進したアジェンデ政権は、チリ経済を支配していた米国の多国籍企業などによるサボタージュ（妨害工作）にさらされ、三年後の一九七三年、陸軍将軍ピノチェトを首謀者とする軍事クーデタに斃れた。

☆4　日本語訳は、W・C・ランガー『ヒトラーの心――米国戦時秘密報告』（ガース暢子訳、平凡社、一九七四年）

☆5　一九七〇年代後半からカンボジアを統治したクメール・ルージュ（赤いクメール）政権は、ポル・ポト首相の下、政策に従わないなどの理由で三百万人以上に及ぶ人びとを虐殺したと言われている。イギリスの映画監督ローランド・ジョフィがこれをテーマに「キリング・フィールド」という映画を製作した（一九八五年）ことから、以後カンボジアのこの時期を指して「殺戮の地」を意味する英語の呼称が定着した。

☆6　アーレントのこの議論は、『イェルサレムのアイヒマン』（大久保和郎訳、みすず書房、一九六九年）の中でなされている。

☆7　ディートリヒ・ボンヘッファー（一九〇六〜四五）は、ドイツの牧師であり神学者。第二次大戦中に反ナチ政治運動を展開し、一九四三年にゲシュタポに逮捕され、第三帝国崩壊直前の一九四五年四月に絞首刑に処せられた。韓国のキリスト者の間では、とりわけ朴正熙政権下の一九六〇年代末頃から受容され、軍事独裁政権への抵抗と民主化の運動のなかで読まれていった。

☆8　獄中にあったボンヘッファーが、なぜキリスト者でありながら、ヒトラー暗殺計画に加担することになったのかと問われ、答えたとされることば。

第二章　「光州」二十年後——歴史の記憶と人間の記憶

……キーエン、ナディヤ、そして尹相元《ユンサンウォン》のために[★1]

記憶と歴史が出会う交差点にて——歴史は記憶に背反するか

この植民地主義は身体だけではなく心をも植民地化し、彼らの文化的な優先順位を一挙に変更させるために、植民地化された社会内で武力を行使する。その過程で植民地主義は地理的で時間的な実体から心理的なカテゴリーにいたるまで、近代西欧の概念を普遍化させるのに寄与する。いまや西欧はどこにでも、西欧の内と外に、構造の枠のなかに、そして心の中にある。

——アシス・ナンディ『親密な敵』より

一—一　去る一月中旬から下旬にかけて、私は運良くも異なる二つの国を旅することができた。ベトナムの首都ハノイと日本の東京。特にベトナムの場合、これまで一度も行ったことはなかったが、もう随分前から何か縁があったような感覚を与えるこの国に行くことになったという思いは、旅に行く前から私をそわそわとさせた。

それは思ってもみない幸運だった。ベトナム作家同盟の公式招請により、韓国の民族文学作家会議が派遣する十数名の作家の一行に同行することができたのは、ひとえに私がある雑誌の編集者であることへの配慮によるものだった。ベトナム訪問の提案を受けた時、私は少しもためらうことなく、最初から訪問を快く引き受けた。おそらく韓国人であればたいてい持っているベトナムに対する特別な関心（それが単純な好奇心なのか、ベトナム戦争と関連する歴史的負債意識なのかは、とりあえず別として）が私にも作用したからだろう。

ある程度単純化していえば、その時まで私の頭の中には二つの異なる色彩をおびたベトナム（人）に対するイメージがあった。その一つは監獄で読んだ〔グエン・ヴァン・ボンの〕『サイゴンの白い服』[☆1]

★1　この文章は二〇〇一年一月二七日から二日間、東京で開かれた国際共同ワークショップで発表した内容を原稿として提出するように要請を受け、それを「試み」てみたものである。ここであえて「試み」といった理由は、私自身、この文章がさまざまな思案についてはっきりとした立場を見せていないだけではなく、時には相互に矛盾した考えをそのまま表に出しており、それこそ少なからぬ限界と一時性をもつ文章であると考えているためだ。しかしこの文章を書きながら感じたもっとも大きな困難は、何よりも日本の読者を意識しなければならないということだった。私はまだ韓国という空間で同じ時間帯を生きている人たちに対してすら、ことばを紡ぎだすのに息がつまるほどではなかったか。

をはじめとしたベトナム民族解放運動についての一連の本を通じて得たイメージであり、もう一つは二〇〇〇年に韓国で翻訳出版されたバオ・ニンの小説『戦争の悲しみ[☆2]』から得たまったく異なるイメージだった。本の題目に既に表れているように、前者が白いアオザイのように明るく単一な色彩を帯びているとすれば、後者は――悲しみがいつもそうであるように――暗く、ときには推し量りえない模糊とした色彩を帯びている。

私の記憶では、私も含めて一九八〇年代に監獄に閉じこめられた政治犯にとって、ベトナム民族解放運動の歴史に接するということは、格別な意味を持っていた。なかでもとりわけ南部ベトナムの平凡な一女学生が反帝国主義戦争の渦中で弾圧に抗し、一人の女戦士としてすっくと立ち上がる過程を記録した『サイゴンの白い服』は、私たちにとって一つの古典ないしは生の規範と考えられていた。一九七五年のベトナム統一が、他でもないベトナム人民のそうした英雄的な闘争により可能であったという事実を確認することで、私たちは私たち自身が監獄の試練を耐え抜かなければならない理由を見つけようとしていたのだった。しかしそれから二十年たった現時点において、私にとってのベトナムは、そうした以前と同じ一貫したイメージとしては存在していない。バオ・ニンの小説『戦争の悲しみ』は、終始一貫して戦争が人間の心にどれだけ大きな苦痛と傷をもたらすのかを描いた作品だ。そこには、世界最強の大国アメリカを敗北させた国の人としての自負心のようなものは存在しない。むしろこの小説はこれまで一般的に受けいれられてきたベトナム戦争に対する単一の慣習的イメージを解体している。それゆえこの作品は、場合によっては、かれらが闘った戦争を「解放の戦争」と規定する、統一された社会主義国家ベトナムの公式的な歴史解釈や、ベトナム社会の一般的な信念に対する叛逆ともなりうるだろう。

一九七五年四月三〇日のサイゴン陥落により成就された「勝利の日」に対する記憶にしてもそうだ。統一以降にベトナムで作られた映画では、その日がまったく疑う余地もなく喜びと歓喜に満ちあふれた日として記憶されている。しかし『戦争の悲しみ』は違う。小説のなかの主人公キーエンの目に映るその日の北ベトナムの兵士の姿は、他の人の悲劇に対する同情や憐憫のごときものは持つ余裕もない、ただ疲れ切った人間の群像に過ぎない。作家の表現どおり、戦争に疲れ、慣れきってしまったかれらにとって、ある日突然到来した平和は「幸福というよりは、新しく、人を戸惑わせ、見慣れない何ものか」でしかなかった。

二〇〇〇年の夏、韓国で会ったバオ・ニンは、ベトナム文学に対する話の中で、何度もベトナム人を「詩的で女性的な」人だと強調していた。それは、よく言われるベトナムの「英雄主義」ということばがどれほど皮相的な観点にもとづくものなのかを指摘しているに他ならなかった。彼は、そうした女性的な感受性を持つベトナム人が、あそこまで長い時間を戦火のなかで過ごさなければならなかったことが何を意味しているのかを考えてほしい、という注文も忘れなかった。

私のはじめてのベトナム旅行は、このように二つの相反するイメージの間で宙ぶらりんに揺れていた。とすれば、この国の歴史についてのこうした二つの相違するイメージのあいだの間隙は、実際どれほど遠いものなのだろうか。この疑問に接近するには、もちろん私の旅行はあまりに短く、見聞した範囲も狭かった。何日間か続いたベトナム作家同盟に所属する元老作家との出会いで私が感じえたことがあるとすれば、それは私がベトナムに対して抱いていた最初のイメージが確固とした実体を持っているという事実だった。かれらのことばや行動の節々に、最強の敵を自力で倒したという自負心が込もっていた。

かれらと公式的に初めて会った場で、お互いに挨拶を交わしたときのことだったと思う。韓国側の司会者は、私が雑誌編集者である以前に、アメリカ文化院に火を付けるという過去をもつ「反帝国主義の闘士」として紹介した。しかし私とは比較にならないくらい数多くの経歴と貫禄をもつ「反仏・反米の戦士」の好奇心に満ちた視線の前で私が感じたのは、むしろ戸惑いだった。長くて辛い戦争それ自体が「反米抗争」だったかれらの目に、二十年前の韓国における私の行動はどのように映ったことだろうか。

そうして何日かを過ごしているあいだにも、私の頭の中にはいつも一つの問いがつきまとっていた。ベトナムの作家としては珍しく西欧の論壇の注目と賞賛を受けたバオ・ニンが、かれらのなかでしめる位置はどこにあるのか。自ら北ベトナム軍として数多くの戦闘を経験したことのあるバオ・ニンは（彼は一九六九年「栄光の第二七青年旅団」に入隊した少年兵五百名中、最後まで生き残った十名のうちの一人だった)、『戦争の悲しみ』という一篇の小説で、ベトナム社会において激烈な賛否の論争を巻き起こしてきており、彼の自宅は当局により家宅捜索を受けもした。ではそうした現実は何から生起するものなのか。ベトナムにおいては、戦争が悲しいものと描写されることが「禁忌」なのか。一方、こういう質問も可能だろう。バオ・ニンの『戦争の悲しみ』を高く評価する西欧社会の視線はそれ自体正当なものと言えるのか。『戦争の悲しみ』を単に「戦争ヒューマニズム」として、さらには「戦争ヒューマニズム＝西欧のヒューマニズム」として読む視線が、そこに落とし穴として作用しているのではないだろうか。

解放のための戦争も、それが戦争である限り、人間の霊魂や肉体を消尽させ破壊することは否定することのできない事実であるはずだ。戦争はベトナムの歴史に解放の道を開いてくれたが、その解放が戦争により傷ついた人間の霊魂を自動的に治癒してくれることはないだろう。とすれば、「誇り」と「悲しみ」がベトナムの現実のなかで交差するのは、当然なことかもしれない。しかしもし前者が後者を排除することが制度化されてしまったら？「歴史」が「記憶」を抑圧することが正当化されるとしたら？　その結果、社会の周辺部で排除されていたある価値が、社会の中心部の価値と理念を正当化するという意図で利用されるとしたら？

ハノイでの最後の晩、酒場で会ったバオ・ニンの顔に私が見たのは悲しみなのか疲労感なのか、私にはよくわからない。夜が更けてきた頃、通りには乞食の姿をした子どもたちが、酒に酔った観光客にしつこくついていって、物乞いをしていた。かれらの顔は、昼間寺院や観光コースで低質な絵はがきを差し出しながら「一ドル！」と叫んでいた少年の顔と重なりあった。あの短い時間に私が通り過ぎたこうしたハノイの風景は、いわゆる「不安定な勝利」のせいなのか。あるいは既に耳慣れてしまった「ドルと英語の全地球的勝利」と関連のあるものなのか。

一―二　ソウルからハノイへ、そして東京への旅は、あたかも帝国と植民地、冷戦と脱冷戦の決して単純でない地政学にさっと足を踏み入れては引っこ抜いたような経験だったのかもしれない。少なくとも気候帯が異なるくらいには異なる個々の歴史は、それを構成している具体的な記憶のひだを推し量ることもできない旅行者に、簡単にはその内面を打ち明けてくれないだろう。

東京に行った目的は、そこで開かれるある国際共同ワークショップに参加するためだった。日本で組織されたこのワークショップの全体の主題は、「ポストコロニアル状況を東アジアで考える――戦後東アジアとアメリカの存在」というものであり、そこで私が引き受けた発表主題は韓国における光州《クワンジュ》抗争と米国の役割についてだった。事情をもう少し明確にいえば、実はこの発表主題はワークショップへの参加要請を受けたときに私の方から提案したものだった。主催者側の立場からすると、おそらく私が一九八二年の「釜山《プサン》アメリカ文化院放火事件」に参与したという点から、その主題が意義あるものとして理解されたことだろう。一九八〇年五月に韓国の軍部が行なった光州での虐殺や、その後登場した全斗煥《チョンドゥファン》軍事政権を支持した米国政府に対して抗議した事件に関与していた私が、米国をめぐる話をすることは、誰が見ても不自然なことではない。実際、発表の準備をはじめようとした時点では、少なくとも光州抗争に関連させて韓国における米国の存在を説明するということは、それほど難しいことではないだろうと私も考えていたと思う。

しかしそれは決して思っていたほど簡単なことではなかった。まず私にとって何よりも大きな困難として迫ってきたのは、私が話をする対象が、いつもとは異なるということだった。一九八〇年五月の光州抗争は、韓国という空間の外でどのように理解されてきたのか。同一の歴史的経験を共有しえなかった人に対して、それはどのように説明することができるのか。「光州」の経験が他のどんなものとも比較することのできない特別な経験だと主張しようというわけではない。抗争の展開と鎮圧過程という側面から見れば、それはファシズム的な国家権力によってなされた虐殺事件と特に異なるところはない。また米国の背後介入という側面においても、それは他の第三世界の軍部クーデタと似ている。こうしたことについてはある程度研究された成果があるので、整理するのは難しいことではない。しかし私が真に接近してみたいのは、そうした現実の背後に作動している「暴力の構造」である。もう一歩踏み込んで接近すれば、この暴力の構造の中には帝国主義の「支配の欲望」だけではなく、植民地住民の「模倣の欲望」も見られることだろう。であるならば一九八〇年五月の韓国光州において、この二つの欲望はどのような方式で結合され、暴力を生み出したのか。しばしば看過してしまいがちだが、韓国人全体がこの暴力に抵抗したわけではない。権力の抑圧だけで説明するには、大多数の人々が見せた沈黙の性格はあまりに微妙であり、光州抗争以降に登場した軍事政権に対する韓国人の支持はあまりに堅固すぎた。それではこれはどのように説明されなければならないのか。そして光州抗争から二十年が過ぎた現在、韓国人はこうしたすべての事柄をどのように記憶しているのか。

当然の前提ではあるが、韓国においても光州抗争についての記憶や米国に対する理解は、すべての人にとって同一のものではない。またそれは、韓国社会の変動していく過程がつくりだす条件や環境にしたがって変化してきた。ひょっとすると、一九八〇年に光州抗争が残酷に武力で鎮圧されてから現在にいたるまでの二十年間の韓国政治史は、この抗争の歴史解釈をめぐる二つの立場間の闘争の時間だったといえるかもしれない。一九九〇年代半ばのある時点まで、この「記憶の内戦」はおよそ「抑圧と抵抗」という鮮明な対立構図の枠内で、主として抗争の「正当性」と「事後処理」の問題をめぐって進展してきた。

その結果、光州抗争を武装した暴徒の乱動と規定して公式的な歴史から排除しようとした軍事政権と、その反対側でこの抗争を継承し権力に抵抗してきた勢力のあいだで進展してきた極めて熾烈な闘いは、軍事政権が倒れ二度の文民政権の実験が試みられる過程で、さまざまな契機を経ながらようやく一段落がついた。少なくとも光州抗争の正当性と事後処理問題に限って言えば、一九九五年一二月二一日のいわゆる「五・一八民主化運動等に関する特別法」の制定は重大な転換点となった。この法の制定は、光州抗争の正当性が単純に文書上のレトリックや言説の政治の次元を越えて、法的・制度的な次元で立証されたことを意味している。その後の現実の展開で見られたように、この法にもとづき、光州市民を暴徒とみなし虐殺した過去の軍事政権の首脳が「国家内乱罪と殺人罪」により法廷に立たされ、抗争の犠牲者に対する名誉回復と補償が一定程度達成されることによって、現実の政治の脈絡においては、光州抗争は終結したかのように見える。

では光州抗争はいまや「成功した抗争」となったのか。この二十年間、韓国人の政治言語において最も重い比重を占めてきて、数多くの生の進路を変えたこの抗争は、もうきれいさっぱり「歴史の領域」に移行してもいいのか。一九八〇年、軍部によりつくり出された「内乱陰謀事件」により死刑まで宣告された野党指導者・金大中《キムデジュン》は現在韓国の大統領となり、五月一八日には光州抗争の犠牲者が埋められている光州の望月洞《マンウォルトン》墓域で政府主導の盛大な記念式を開いている。それだけではない。光州抗争は今や韓国だけではなく、戦後共通した歴史的経験をもつ東アジア国家の民衆により、成功した民衆抗争の事例として語られている。

しかし光州抗争に対する記憶は、この抗争が国家の「公式的な記憶」となった瞬間、危機に立たされることになる。もし現在韓国の内と外で一般的な定説として受容されている光州抗争についての言説と叙述が、この抗争と関連した数多くの記憶を排除したり省略したりするのであれば、果たしてどのような結果が起こるだろうか。記憶の「空洞化」あるいは「化石化」？　光州抗争の正当性が国家により公認され、人々に成功した抗争として受けいれられることの裏側には、韓国の政治空間からこの抗争の記憶についての闘争が消えるか、そうでなくともせいぜい副次的な意味しか持ちえないという、もう一つの現実が存在している。成功した抗争は反復的に記念されるのみであり、「遡って」記憶されることはない。例えば、少し前から韓国では「光州抗争の世界化」ということばが流行している。私はこのことばを、いわゆる「新自由主義世界化時代」における観光商品ブレンド化企画だとまでは酷評したくはない。「復活光州、韓半島の統一と東アジアの平和に向けて!」——これは光州抗争二十周年に光州で開かれたある国際学術会議で掲げられたスローガンだ。[☆3] 光州抗争の精神から普遍的な価値を探し出し、東アジアの人権と平和、ひいては世界史の進歩にまで拡張しようというこのことばの肯定的で積極的な志向性がわからないわけではない。しかし私は少なくともその言述のなかには、光州抗争の記憶がそれ自体としては既に「終結」したものであるという判断が、隠然と前提になっていると思う。「復活光州」というとき、そこで復活することを期待されているのは果たして何だろうか。

光州抗争はもはや「精神」しか残っていないのか。それが民主主義精神であれ、博愛精神であれ、共同体的情緒であれ、大同精神であれ、平等精神であれ、そうした抽象的な「精神」がとりわけ強調される現実においては、具体的な「身体の記憶」、生きている人間の恐怖や葛藤、傷跡(トラウマ)といったものは捨象されてしまう。一九八〇年五月二七日早朝、光州の全羅南道《チョムラナムド》庁を最後まで死守して戒厳軍に殺害された光州抗争の「最後の市民軍」が、こうしたいくつかの「精神」を具現するためにそこに残っていたのか、私は敢えて判断したくない。しかし「純潔な精神」や理念だけが強調されるとき、そのようになりえなかった人々の記憶は「光州」の記憶の外に追い出されてしまわないのか。

私はこの地点において、再び言い古された問いを投げかけたい。私たちはなぜ「光州」を記憶しようとするのか。いやこう問うてみよう。過去の悲劇的な事件を記憶するということは、果たしてどのような意義をもっているのか。私たちの記憶が、そうした歴史の悲劇をもたらした暴力や、その暴力の構造に連累した私たち自身の過去と反省的な関係を持つことができないならば、記憶とは何であり、また歴史とは何だろうか。もしこうした問いを前に言葉に窮し、気まずい思いをする人がいるならば、韓国で毎年五月一八日になると開催される光州望月洞の記念式に参列してみるといい。そして光州抗争の犠牲者の墓域で執りおこなわれる公式的な追慕の行事の「前列」で頭を下げている人々がどのような人々なのかを問うてみるがよい。日本の右翼は自分の精神の故郷である靖国神社を参拝しているが、いまも権力を握っている過去の韓国の軍事政権に対する協力者は、かれらが裏切った民衆の墓に参拝している。まさにこの「悲劇的な喜劇」が、いま、韓国社会で光州抗争の記憶が置かれている現実である。

一—三　ここで私の話を光州抗争と米国という主題に戻そう。光州抗争を経験して二十年が過ぎた今日の韓国社会において、米国の存在はどのように認識されているのか。一時期、韓国という空間において、人間らしい生を夢見たり、自由や平等、平和と民主主義、分断された国の統一、こうしたことの実現を少しでも希求する人であれば、誰でも避けて通れなかった「光州と米国」という主題は、いまどのように語られているのだろうか。

「米国では、米国を「帝国」として説明することはほとんど「異端」である」――これはある米国人が書いた文章に出てくることばだ。私はその脇にこう書き記した。韓国では米国を帝国と説明することは利敵行為であり、「反国家」だ。換言すれば、韓国では「米国とは何か」という問い自体が不穏なものだ。後で詳しく説明するが、以前、いやいまでもこのことばは間違いのない事実だ。このような韓国的現実において、米国に対する強力な批判が提起されたのは、光州抗争直後からだった。光州抗争に対する軍部の流血の鎮圧を米国政府が黙認（さらには支援）したという事実に対する衝撃は、韓国人から一九五〇年の朝鮮戦争以降長いあいだ消えていた米国に対する批判的な認識を復活させたのである。このように光州抗争の経験を通じて、米国に対する幻想がくだけた瞬間から生じた、特に一九八〇年代中盤以降の学生運動で広まった「反米意識」は、実に驚くほどのものだった。少なくとも韓国において民主主義や統一、さらに積極的には反帝国主義変革路線を志向する若者が認識していた米国とは、朝鮮半島のあらゆる「悪の根元」であり、分断と戦争の原因提供者であり、独裁政権を陰で操る存在であり、絶対に剔抉すべき帝国主義勢力だった。そうした認識に基づき、集会やデモの現場では必ず「米帝国主義打倒」のシュプレヒコールがいつも叫ばれ、一九八〇年代を通じて韓国の各地にある米国の文化院や大使館が占拠されたり放火されたりした。

私はいまでもその頃に集会やデモの現場で歌われていた歌や天を貫くようなシュプレヒコールをたまに思い起こすことがある。「反米出征歌」「反米救国抗戦歌」「反戦反核歌」や、「親米で滅びた国、反米で甦らせよう！」「アメリカ野郎《ミグンノム》を倒し、祖国統一を成し遂げよう！」といったものだ。多くの若者が監獄へ行き、ある人は焚身し、ある人は投身し、ひどい場合は疑惑の死を遂げることもあった。私がいた一九八〇年代韓国の監獄は、「米帝の胸にぐさりと刺さる矢」になるのだと誓った「愛国青年」にあふれていた。私たちはそこで「ゲバラ」を学び、『サイゴンの白い服』を読み、ニカラグアのサンディニスタ革命[☆4]を知った。そして鉄格子によりかかりながら、近い将来われわれにも来るであろう「解放」のその日、「自由祖国」を待ちわびた。ところがいま、あのたくさんの歌や気概高き愛国青年たちはみなどこへ行ったのか。民衆が一斉に決起して戦えば追い出せると考えていた「とるに足らない」帝国主義米国は、いまどこにいるのか。

もちろん、一九八〇年代を風靡した戦闘的反帝国主義路線の米国観が、韓国人一般の米国理解だというわけではなかった。光州抗争の前も後も、大多数の韓国人にとって米国は帝国主義的抑圧ではない「解放者」、戦争の惨禍から救ってくれた「救世主」、「血盟」あるいは「必要不可欠な国家」、模範とすべき「大兄」だった。それにしても、そうした米国に対する「過剰なイメージ」に亀裂をもたらした「光州」以降の批判的な米国認識が、現実の政治空間においてここまで一夜にして退潮してしまったことは奇異な現象だと言わざるをえない。

米国は今や韓国人の中に「光州」以前より大きな巨人として実在している。韓国人の日常的な生は、米国という巨大な存在の壁に閉じこめられている。いわゆる脱冷戦以降、「世界の一等的地位 global supremacy」を確固なものとした米国は、一九九〇年代後半、経済危機のどん底を経験した韓国において、唯一の救援の手をさしのべてくれる「はしご」だと考えられている。いわゆるIMF局面以降、「米国式価値観とシステム」を備えるという目標は、もう単純なスローガンの次元を越え、決して忘却すべきでない「定言命題」となってしまっている。韓国の新聞の外信トップは昔も今も米国であり、韓国人の目はいつも米国がどちらを向いているのかにしたがって慌ただしく動きまわる。こうした状況において光州抗争や米国の問題を再び問題化することは、一体どのような意味を持ちえるのか。果たして、一九九〇年一月、駐韓米国大使館の一高位官は「米国はむしろ光州の被害者」だと「異色の」主張を押し出した。彼によると「光州問題によって、既に米国はこの八年間、あまりに高い代価を払った」ということだった。[★2] 一九九六年に韓国のメディアにも報道された光州関連の「米国国務部秘密文書[☆5]」に出てくる文句のように、かれら米国人官吏にとって光州抗争は「韓国人によって韓国人が殺害された」、極めて「韓国的な」事件に過ぎないのだった。

光州抗争の「韓国化」? 事実、もはや韓国で光州虐殺に対する米国の責任を問う声は、嘘のように消え去ってしまった。この歴史的な「記憶喪失」は、光州抗争を通じて得られた米国の存在に対する批判的な省察の過程を消し去ることにより、この抗争に対する歴史認識において、記憶の「不具化」という結果をもたらした。それではこの二十年間の私の生はどうなるのか。「光州」の悲劇と米国とが何の関連も無かったとすれば、十年間の私の監獄生活は特に見なくともよかった悪夢にすぎなかったのだろうか。私だけではない。あの多くの若者の苦難と死は？　私は韓国の金大中大統領が一九九九年のいつだったか、米国のフィラデルフィア州が授与した「自由のメダル」を、韓国に着いても首にぶらさげたまま入国した姿をみながら、もう光州抗争の記憶から米国は完全に分離されてしまったという感情をいだいた。彼は一九八〇年五月の「光州の自由」を踏みにじった「米国の自由」についての記憶をどこへ捨ててきたのだろうか。その姿を見ながら私は、一九九一年のいわゆる「湾岸戦争の勝利」の後にある米国大統領候補が言ったということばを思い出した。「ネルソン・マンデラ、ヴァーツラフ・ハヴェル、レフ・ワレサが、米国人がかれらの自由のために喜んで戦ってくれたことに感謝すると（米国）議会で演説した瞬間、私はベトナム戦争の道徳性に対して疑ってきた私自身が間違っていたことを悟った」。仮に彼が光州の悲劇に米国が連累しているかもしれないと疑ってきたとすれば、「光州」から二十年後に韓国の大統領が米国で行なった演説を聴いて、彼は自分自身の錯

★2 『시사저널（時事ジャーナル）』一九九〇年一月二一日付。

覚を反省することになったろうか。

しかし問題は、このような記憶の存続を抑制したり配信したりする現実の流れ、あるいは記憶の痕跡自体を消していく現実の圧倒的な規定力にだけあるのではない。私は、光州抗争と米国に対して私たち自身がもってきたこれまでの認識についての反省的な省察抜きには、そのような現実に作動する「忘却のメカニズム」に立ち向かうことはできないと考える。私たちは、光州抗争が残酷な悲劇に終わった後に投げかけられた最初の問いに、再び立ち戻らなければならない。私たちにとって本当の米国とは本当にどんな存在なのか。またこう問わなければならない。私たちのなかにある米国への幻想や憎悪はまったく対立したものなのか、あるいはコインの裏表ないしは同じ根をもつ木から伸びた二つの枝なのか。

これまでの韓国社会における親米と反米、崇米と排米は、まず他律的な対米認識という面において、根元的に同一なものだ。極端な憧憬や極端な嫌悪は、いずれも対象に対する自我の従属性から到来するものだからである。韓国において、親米的な考え方はもちろんだが、反米民族主義の場合にもそれが標榜する主体的な姿勢や熱情にもかかわらず、米国だけを倒せばあらゆる問題が解決されると考える限り、実際において「米国中心主義」から大きく抜け出すものではなかった。韓国で広がっているすべての状況を「親米対反米」の対立構図、すなわち「米国＝支配者対韓国民衆＝被支配者」の間の不可避な敵対という二分法のなかでのみ把握することで、米国と韓国（人）が結んできた「植民地的状況のアーカイブ」と正面から向き合うことに失敗しているように思われる。

民族解放運動の「主力軍」（これまで韓国青年学生運動の主体は自らをそのように呼んでいた）の視角から見たら、民衆は本当には理解することができないか、せいぜい「啓蒙と訓育」の対象である。どのようにして植民地民衆は帝国主義の支配者を憎悪しながらも、その一方であそこまで熱烈に賛嘆することができるのか。この問いに向き合わなかった韓国の反米運動は、うわべは「大衆路線」を標榜していても、ますます意識的で統制された「政治的少数精鋭」に執着していき、孤立したり投降したりすることになるのだ。

韓国（人）において、米国は既に「外部的な存在」ではなかった。この権力は自己実現においてどのような外部も持っていない。権力はいつも既にあらゆる所にある。光州抗争に対する米国の介入を「軍事政権を支援した米国」として把握する外因論的な思考にとどまっている限り、既に軍事政権を捨てた米国は「模糊とした敵」となってしまう。光州抗争で米国が介入したという事実と証拠を追跡することは、この抗争から二十年が過ぎた今においても、いまだ重要な意味をもっている。しかし長い間第三世界の軍部クーデタに介入してきたワシントン権力のノウハウと「もっともらしい否認plausible denial」政策の前では、そうした証拠の追跡の努力は一定の限界をもつことになる。だから私たちの努力はこのことにのみ傾けていてはならない。私たちが光州抗争と米国の問題に接近しようとする理由は、単に特定の時期に行なわれた不当な介入を告発するためなのか、あるいは植民地的構造

（意識とシステムを含めて）のなかで作動する米国の介入の構造と、自己実現の方式を把握し、これを解体していくためなのか。私たちは再びこのように問うてみる必要がある。光州抗争で「韓国的な」ものとは何なのか。米国は韓国（人）という「身体」のなかでどのように自己を実現するのか。私たちの全身に広まっている米国という「他者」から、私たちの身体と意識はどのように抜け出すことができるのだろうか。

いまやこの論考がねらいを定めている問題意識を、より明確に提示しなければならないようだ。これまで光州抗争に対する私たちの記憶には、「抵抗する民衆」だけがおり、「動員される民衆」は考慮されることがなかった。過去の権力に抵抗していた人たちが持っていた、光州抗争に対する「民衆的理解」がまさにそのようなものだった。それは「権力対民衆」という単線的な歴史理解にもとづき、私たちの記憶を組織してきた。この鮮明な戦線には常に前衛が要求され、それが維持されるためには民衆のなかに位階的な権力が設定されていることが前提とされる必要がある。まさにここで「記憶の権力化」が発生するのだ。それが標榜する民衆的な大義名分にもかかわらず、現実の民衆はいつもこのエリート主義的な歴史記述の排他的な領域の外で語らなければならない。

どのような歴史的名分でもなく、目前の利害と関連した権力の直接性に「熱狂する」民衆が視野から抜け落ちたとき、過去の権力と現在の権力との断絶性だけが見え、連続性は見えなくなる。韓国で大小の選挙が実施される度に、どうして民衆は光州虐殺を擁護した者に票を投じることで自己の記憶を自ら裏切るのだろうか。いや、遡ってみれば、光州抗争はなぜ孤立したのか。他の地域の民衆は、権力のどのような名分に合意することで、自身の沈黙を正当化したのか。

これまで私たちの米国に対する理解には、抑圧的な権力を支援する米国だけがあり、意識と無意識のなかの米国的価値を内面化した「欲望する民衆」はいなかった。なぜ米国は光州抗争での「裏切り」にもかかわらず、「光州」以前も以後も権力を動かす力としていまだに作動しているのか。過去に日本の帝国主義が試みた「植民地近代化」の後、米国によって代替されながら植え付けられた「韓国的近代化」の熱望を理解することなく、一九八〇年五月の光州抗争で現れた暴力の狂暴性はまともに理解することができるのか。

韓国は「ポストコロニアル的」状況なのか。そのようでもあり、そうでないようでもある。韓国で米国は「過去の遺産」や「残存的権力」ではなく、現存する「圧倒的な権力」であるという意味において、韓国は一般的な意味でのポストコロニアル状況ではない。しかし米国による「新」植民地的状況を一般的な意味での植民地期と規定するには、韓国の社会・文化的構成は既にあまりに複雑である。伝統的な「反帝的戦略」あるいは「戦略的本質論」の有効性が適用されるには、米国は韓国（人）という「身体」のなかにあまりに密着している。では、韓国における「脱植民地化戦略」は「反帝的戦略」と並行して推進されなければならないのか。それは果たして成立することが可能な仮定なのか。可能だとすればその具体的な実現形態はどのようなものなのか。

こうしたことは完全に私の能力を超えた質問だ。東京でのワークショップにおいて、もっぱら私は可能な限りこのような問題意識を表現し、他の人々との対話を試みようとした。しかし韓国という空間の外で「光州」がどのように理解されてきたのかについての事前知識もなかった私にとって、それははなから不可能な望みだったかもしれない。今回のワークショップにおける私の発表について、ある在日朝鮮人の学者が投げかけた次のような質問が、私が失敗したことの証拠となるだろう。「あなたはどうして光州虐殺における米国の責任に対してよりはっきりとした立場を明らかにせず、独裁政権に対する民衆の合意や同意を強調しようとするのか」という彼の質問は、米国の存在に対する単線的で還元主義的な理解を克服するために、これまで韓国社会の一般的な歴史理解において省略され排除されてきた記憶と問いかけを復元してみようとした私の試みが、非常に中途半端なものだったという事実を悟らせてくれた。だからこの文章は、その時の失敗を挽回するための再度の試みだということができる。今回も限界は明らかだ。にもかかわらず私は、光州抗争から二十年の時間を逆に遡行していき、どのような過程でこの抗争に関連した「記憶の権力」——特定の記憶を中心とし、残余の記憶を排除し周辺化することで、権威と権力を獲得していくという意味において——が形成されていったのかを追跡していきたい。それは、ガヤトリ・スピヴァクの表現を借りれば、「黙殺の旅路」を遡る過程でもある。黙殺された声と問いかけがよみがえる時間のなかでこそ、韓国社会においても真の意味での「多重的な」脱植民地化の主体が形成され、帝国の捕虜となっていた歴史に反撃を加える機会を捕えることができるのではないだろうか。

「光州」、二十年前――暴力化された欲望、犠牲祭儀としての「光州」★3

犠牲祭儀は共同体全体をその暴力から保護するものであり、暴力の方向を共同体全体から転じて外部の犠牲物に向かわせる。犠牲祭祀は各所に広がっている紛争の種を犠牲物に集中させ、紛争の種に部分的な満足感を与え、別の方向に向かわせる。

――ルネ・ジラール『暴力と聖なるもの』より

私は欲望の根が心理的で社会的であることを発見し、あらゆる欲望は歴史的であることを悟った。もちろん私は社会的なものや心理的なものをすべて欲望であると考えているのではない。しかしどのような形態であれそれが関連していると信じている。

――キム・ヒョン『ルネ・ジラールあるいは暴力の構造』より

二〇一一　二〇〇〇年九月二四日、韓国の公営放送MBCは、特別企画「いまでは語ることができる」という番組で、十八年前のある事件を扱った。その日のタイトルは「暗がりの中の叫び――釜山アメリカ文化院放火事件」。まさに私の生の進路を完全に変えた、あの運命的な事件、しかし今となっては人々の脳裏から次第に忘れられつつある過去のある事件が、さまざまな資料映像とともにある日テレビで再現されたのである。

放送が始まると、テレビの画面にはまず燃えているアメリカ文化院の光景が現れ、続いて「放火犯」

★3　この章の題目はルネ・ジラールをすぐに連想させる。しかし私はジラールの枠組で光州抗争を完全に解釈できるとは考えていない。またそんな考えもない。光州抗争をめぐる社会・政治的な力学は、祭儀―宗教的なものの根元を解明しようとする彼の「根源的人類学」の枠組とはずれてくる部分が少なくないからだ。しかし既に亡くなった文学評論家のキム・ヒョン（本名・金光南）が一九八〇年五月の「光州」の悲劇以降、ジラールにこだわったのには、彼がこの事態の根源に韓国社会の集団的欲望があるということを感知したためだった。私もまたこの点について共感するところが大きい。光州抗争から二十年たった現在、私には「欲望は暴力を生み、暴力は宗教を生む」という彼の指摘が今さらながらも新鮮に思えてくる。彼がジラールの理論に接近しようとしてきたのには、彼自ら明らかにしているように、「一九八〇年初めの暴力の意味を問わねばならないという当為性がその下にあった」。この章の私の話は、彼が生前に投げかけた次のような問いから準備される。「暴力はどこまで合理化されうるのだろうか」。私はこの問いが暴力を行なった権力に対しても、どんなかたちであれその暴力に連累している私たち自身にも、同時に投げかけられていると思う。

として逮捕され、縛られてあちこちに連行される二十代の若者の姿が順に映し出された。胸が少しずつ震えてきた。既に歳は四十代初めとなった私の目の中に二十年前の私の姿が痛く入りこんできた。ぐしゃぐしゃの髪、伸びた無精髭、しきりに平然としたふりをしているがどうしようもなく恐怖におそわれた瞳……。しかし私のそうした姿よりも一層心に突き刺さってきたのは、運命の分岐点に立っている私よりも若い同僚の痛ましい姿だった。画面は主として放火されたアメリカ文化院におけるいわゆる「現場検証」の場面を映していた。放送には詳しく出てこなかったが、私はそのときその場周辺を取り囲む大勢の人波を覚えている。私たちがその場所に到着すると、人の群れのなかからある人が私に向かって言った。「こんな奴らははやく殺してしまえ!」。そのことばは裸に投げつけられた石つぶてのように思えた。

放送のコメントはその当時の現場の雰囲気とずいぶん違った。放火の瞬間を再現する私たちの姿に重ねて「犯人は、驚くことに暴力に反対しなければならない神学専攻の大学生もおり、他も大部分が将来が保証されていた医大生や薬大生だった」という説明が流れた。私たちをつけ回していた捜査官がつけた「赤軍派」「都市ゲリラ」という名称から、二十年後の私たちは本来の「職業」に戻ったのだった。「都市ゲリラ」と「神学生」「医大生」という名称のあいだの距離。その瞬間、二十年という時間はまさにその距離のあいだに置かれているのだと思われた。昨日まで普通の若者だった私たちは、そのときなぜ縄に縛られて、あそこまで険しい運命の前に立つことになったのか。一九八〇年五月の光州抗争から二年とたっていない一九八二年三月一八日という時点で発生した釜山アメリカ文化院放火事件。この二つの事件のあいだに存在する二年という時間は、私たちにとって何だったのか。そのあいだにどのようなことが起こり、またそれは私たちにどのように受けとめられていたのか。決して長くないその時間のなかで、私たちをしてそのような危険な選択に自らを絶え間なく駆り立てさせたのは、その時間を規定する特殊な社会的状況だったのか、あるいは私たち自身なのか。あるいはその両方なのか。

一九八〇年五月の「光州」の悲劇を自身の生に近づく「危機」として感じることなく、ただ一つの「事件」とみなしていた人々にとって、一九八〇年代は最初から「不可思議な」時代として映っていたかもしれない。今日の人々にとって「光州」は、否応なく一つの歴史的な事件であるしかないが、その事件が呼び起こした「危機の感覚」を排除しては、その時代を生き抜いた人々の記憶をそのまま復元することはできないはずだ。同時代に対する危機の感覚は、よく言われるつまらぬ道徳的な負債意識や、あるいは歴史的な責任感のようなものとは次元が異なる領域に属する。そしてその危機の感覚とともに存在する悲しみや憤怒の感受性に由来する行動への選択は、いわば「攻撃心」が強調される社会で奨励される「男性的勇気」とも性格が異なる。少なくとも一九八〇年五月の光州抗争は、韓国社会に内包していたファシズム暴力を、この社会構成員の身体の記憶として刻みこんだ歴史的な「経験」だった。換言すれば、いわゆる「男らしい」「直線的な」「男性的な」ものが強調されながら遂行された暴力が、社会的弱者を踏みにじったドラマだった。暴力に立ち向かって戦ったり、卑怯にも逃げたり、傍観したり、沈黙したり、怪我をしたり、癒えぬ傷痕を負ったり、さらには子どもや親をなくしたりした、そうしたあらゆる「人間の記憶」が複雑なひだを成しているのが、私の考える一九八〇年だった。そして一九八二年の釜山アメリカ文化院事件は、他ならぬこの記憶を瞬く間に（わずか二年の間に）喪失し、急ぐように忘却してしまったその時代的状況に対する抵抗だった。

「大統領全斗煥」の誕生！　テレビ画面には「軍服」の全斗煥の姿が登場し、続いて一九八〇年九月一日に蚕室《チャムシル》室内体育館で開かれた第十一代大統領選挙の場面となった。「統一主体国民会議」（大統領を選出する選挙人団体）代議員総勢二千五百二十五名中、賛成二千五百二十四票、反対一票で全斗煥大統領が当選（当時の選挙は間接選挙であり、親権力的な人士により構成された選挙人団によるその選挙を、韓国人は自嘲的に「体育館選挙」と呼んでいた）。その後、ロッテホテルで開かれたいわゆる「朝餐祈祷会」。韓国でわれこそはというキリスト教の牧師が大挙動員されたその祈祷会で、聖職者たちが一つの会場に集まり「国の中心をしっかりとつかまえていてくれる偉大な指導者」、「天が与えてくれた指導者」全斗煥のために祈る姿も画面に映し出された。

正確に言えば、全斗煥を支持したのは、そうした一部の集団だけではなかった。その後、全斗煥政権の法的土台となった「第五共和国新憲法」は、「国民投票」にかけられた結果、文字通り国民の「圧倒的な支持」により通過した。では「光州」からわずか一年もたたないうちに起こったこのような奇異な忘却の状況を、どのように受け止めなければならないのか。権力の抑圧が持続していたとしても、光州抗争を蹂躙した権力に対する国民のあの圧倒的な支持は一体何を意味するのか。釜山アメリカ文化院放火事件を扱った二十年後の放送は、「全斗煥政権が安定期に入った一九八二年に……」ということばではじまった。私にはこのことばが新鮮に、また辛く耳に響いた。私と同僚のその日の行動は、いってみればこの「安定期」の途方もない「忘却」に対して差し向けられたものだった。それは絶対に記憶しなければならないものを忘れていない人が存在するという事実を知らせようとするあがきだった。

二―二　いわゆる「運動史」の脈絡を離れてはなかなか本格的な接近が容易でない、釜山アメリカ文化院放火事件を扱ったその日のドキュメンタリー放送は、少なくとも過去の忘れられつつあった歴史的事件を「客観的に」再現しようとした点において、それなりに意味があった。まず、一九八〇年五月の光州抗争と、この抗争を踏みにじって権力を掌握した全斗煥新軍部、そして米国という三つの軸がどのようにつながっていたのかということを通じて、韓国で起きた「反米的事件」についての解釈を試みたという点において評価できる。それがたとえ一九八〇年代のいわゆる「抵抗運動史」が提起したこの二十年間の問題意識を部分的に投影したものであったとしても、一つの反米的事件を対象に光州抗争や米国の問題を集中的に提起したことは、少なくとも「公営放送」においてははじめてのことであり、意味ある作業だったと考える。

もし時間的制約をはじめとした物理的限界ではなく、それ以外の限界が存在していたとするならば、私の考えでは、それはそのドキュメンタリーが借りてきたある観点がもっている限界を反映している。このドキュメンタリーの問題意識は、この二十年間、光州抗争に対して「民衆的民族主義」がとってきた立場からのそれにほぼ正確に一致している。その共通した問題意識とは、一言で「軍事政権を背後で支援した米国」という観点である。差異があるとすれば、前者が大体公開された事実に立脚してそれを立証しようとしたならば、後者はより本質主義的な立場をとっているということぐらいだ。

実際、軍部による光州虐殺を米国が「指示」した事実を立証する明白な「物証」はいまのところ出てきていないが、韓国人の民主主義に対する熱望を無視して、全斗煥の新軍部に緊密に協力したという事実は、たとえ米国政府が公式的には否認するにしても、既に明らかになった事実だけを通じてもはっきりと確認することができる。既に知られている光州抗争指導部やその他の韓国の民主主義勢力に対する米国の敵対的な態度、光州抗争以後の軍事政権と米国の蜜月関係、さらに一九九六年に公開された一九七九年から一九八〇年後半までの韓国関連の米国国務部秘密文書[★4]（以下、「秘密文書」）のディティールなどは、韓国の新軍部と米国政府の緊密な協力が朴正煕《パクチョンヒ》政権末期から全斗煥政権の強化の確立にいたるまで実在していたことを語る証拠である。一九八一年二月三日、新たに就任したロナルド・レーガン米大統領の招請による全斗煥の訪米は、そうした過程のフィナーレを飾った。全斗煥はレーガンの大統領就任後にはじめて招待された外国の首班であり、それに先立って既に米国金融界の大物であるチェース・マンハッタン銀行やシティ銀行の頭取らが全斗煥就任後に韓国を訪問したという事実も、米国が韓国の軍事政権をどのように「接待」していたのかについての良い見本となっている。

一九七九年一〇月二六日に発生した朴正熙の死を発端とした「維新体制」の終末に、米国がどのように介入したのかということははっきりとわかっていないが、米国が「朴正熙なき朴正熙体制」を構想ないしは目標としていたことは確実だ。米国の国益という側面から見れば、一九七九年のイランとニカラグアでの親米体制の崩壊などは、米国にとって大変危険な状況をもたらした。一九八〇年カーター米大統領の年頭教書は、こうした状況に関連して、「米国の利害をおびやかす行為に対しては軍事力を含むあらゆる手段を使用することができる」と公言している。結果的にこれは第三世界軍部にとって非常に鼓舞的な発言だった。また米国のワシントン権力も、第三世界国家の内政を管理するために、「予防革命的な」クーデタを承認し、それ以後の状況をうまく切り抜けられるリーダーシップとしてその国の親米軍部集団を選定する作業に積極的にのりだすということを表明したのに他ならな

★4 以下、「秘密文書」の内容に関しては、週刊誌『ハンギョレ21』一九九六年四月四日から五月一六日までにわたって翻訳紹介されたものにもとづいている。

かった。前述の秘密文書によれば、韓国における米国のそうしたパートナーは全斗煥新軍部勢力だった。かれら韓国軍部内の核心勢力は、一九六〇年代のケネディ政権の「第三世界軍部育成プログラム」によって、長いあいだ成長してきた親米軍部集団であり、これが主導した一九七九年一二月一二日の軍部内クーデタ〔一二・一二事態〕は、かれらによる軍部の再編成を意味していた。米国はこうした状況を寸分の狂いもなく予見（操作?）していた。その年一〇月二八日付の秘密文書。「競争と混乱はより古典的な形態のクーデタを触発する地点まで発展していくかもしれない。……われわれが軍部の権力継承に満足しているだろうといった印象を与えないようにしなければならないが、一方で将来極めて影響力をもつ要となるような軍部と共に仕事をしなければならない」。そうして一九八〇年五月、政治的な主導権の獲得を目論む全斗煥新軍部は、自らの武力行為の「能力」を集中的に誇示しうる目標物として「光州」を選択した。新軍部が光州地域に特殊部隊の投入を計画していたとき、米国は「政府の要請がある場合は反対しないこと」という立場をはっきりとっていた。文書の表現にしたがえば、「反対したらわれわれ（米国）はあらゆる「親友」を失うだろう」からである。「人権大統領」ジミー・カーターもこの点においては比較的率直だった。彼は「現在の韓国の事態は人権問題ではなく、東北アジアの安全維持を望む米国の「国益」に関する問題」であると語るのにとどまらず、「韓国人はかれら自身の判断によったものであっても、民主主義をする準備ができていない」という「診断」まで下してくれた。[★5]「テロの利用は、われわれ(米国)の血のなかに根深く染み通っている」というエドワード・ハーマンのことばが、一九八〇年初めの韓国の状況に適用される瞬間だった。テロや拷問は、米国政府や企業の利益のための「環境改善」と深い関連があったという彼の診断は、一九八〇年五月の「光州」の悲劇において立証された。

以上が一九八〇年五月の光州抗争と全斗煥新軍部、そして米国が関連を結んでいく過程についての簡略な整理である（米国の「光州」介入を具体的に分析するのは、この論考の目的ではない）。米国はこうして光州市民を「救おうと」来ることはなかった。光州市民は、〔スピルバーグの〕映画に出てくる「ライアン二等兵」ではなかったからだ。かれらにとって韓国人は、単に展開する状況を「ぺしゃんと座って」待っているだけの、目前の「新しい権威」に何の挑戦もできない（以上は秘密文書の表現に出てくるもの）屈従的な植民地住民であり、どのような指導者であれ追従する「野ネズミの子ども」（一九八〇年に駐韓米軍司令官だったジョン・ウィカムの発言）に過ぎない存在だった。いま考えてみても、光州抗争の指導部が外信記者を通じて米国大使との面談を要請し、米国政府の仲裁役割を期待したという話を思い起こすと、悲しく辛い気持ちになる。これについて当時駐韓米国大使だったウィリアム・グレイスティン☆6は、「空想的で非現実的な要求だったので拒絶した」と平然と証言し

★5『미국의 대한정책과 한국민족주의（米国の対韓政策と韓国民族主義）』（李三星、一九九三年、한길사）から再引用。原文は『ニューヨークタイムス』一九八〇年九月一八日。

ている。光州抗争の最後尾の鎮圧部隊だった韓国軍二〇師団の光州投入を米国が承認した一九八〇年五月二三日、米国はフィリピンに停泊中だった航空母艦コーラルシー号と沖縄にいた空中指揮用の空軍機二機を朝鮮半島近域に移動させた。この消息を聞いて米国が光州市民を助けに来るのだと期待を膨らましていた当時の光州市民の期待は、どんなに虚しいものだったことだろう。グレイスティンによれば、それもまた「韓国軍将軍の要請によるもの」だった。一九八〇年五月光州抗争の記憶のどこにも米国が民主主義を要求するデモ隊を支持したという痕跡はない。

一九八〇年代に鋭く提起された米国への批判的な問題提起や行動は、まさにこの光州抗争の挫折の経験にその根をおろしている。こうした批判的対米認識は、一九八〇年代を経て次第に戦略的反米路線として進展していき、数え切れないほど試みられた激烈な反米的行動を持続していくための精神的基盤となった。一九八〇年五月の「光州」で見せた米国の狼藉が例外的な失敗ではなく、米国の日常的で典型的な行動様式だったという事実に対する自覚と、これを通じて得られたラディカルで批判的な対米認識は、韓国現代史の認識において「質的」転換をもたらした貴重な成果であったことは間違いない。日本帝国主義の支配から解放された一九四五年八月以降、脱植民地化の過程自体が歪められ、米国による新たな支配、すなわち「新植民地主義化」の道のりをたどっていったことは、韓国現代史の不幸を持続させてきた根源的な矛盾であることも、また間違いのない事実だ。しかし米国による朝鮮半島の分割占領と分断、朝鮮戦争への米国の介入と駐韓米軍の永久的駐屯が、抑圧的な国家権力と資本の専横を可能にした根本条件として作用しているという事実認識に基づく反米主義的な認識の枠組は、米国の支配と絶え間なく対面するところから生まれてきた韓国社会の複雑な現実を過度に単純化して理解することで、現実克服の代案までも歪める結果をもたらしうるだろう。

次のような一文がその例に属する。一九九九年に発表された安炳旭《アンビョンウク》〔歴史学者〕の文章、「五・一八、民族史的認識を越えて世界史の地平へ」★6には次のような記述が出てくる。「一九八〇年の光州民衆抗争は、その当時には一度惨憺とした敗北として幕を下ろしたが、……民衆をして歴史の主人であることを悟らしめ、隷属的な考え方を捨てて主体的な歴史意識を持たせ、抑圧と差別を拒否するようにせしめた」。「一九八二年三月の釜山アメリカ文化院事件を通じて、……光州市民殺戮事件に介入した米国の責任問題を大衆的に広め、国際的に確認させるという結果をもたらした。このような運動の成果によって、もはや韓国においてはそれ以上親米事大主義的な理念が盲目的な統治のイデオロギーとしては作動しえなくなった」。しかし、このような陳述は本当に事実と符合するのだろうか。「光州」の経験が韓国民衆をして隷属的な考え方を捨てさせ、もはやこれ以上親米事大主義の理念が権力の統治理念たりえなくなったのだろうか。彼はそこからさらに一歩進み出る。彼は光州抗争を挫折させた「国際的な陰謀」に関してのみではなく、さらに遡って「十九世紀以来推進されてきた国際的な工作の実

★6 『5・18 은 끝났는가（五・一八は終わったのか）』（学術団体協議会編、一九九九年、푸른 숲）に収録。

体を明確に認識し、これに対処」することを提案する。この提案もまた過度に単線的で抽象的なものではないか。十九世紀から二十一世紀にいたる韓国現代史の過程を同質的なものとして把握する彼は、ついに「一九四八年の済州《セジュ》四・三抗争[☆7]や一九八〇年の五・一八民衆抗争は、その背景や過程がとても類似した」ものであると断言する。だが果たしてそうだろうか。一九四八年の四・三抗争や、一九五〇年七月の忠清北道《チュンチョンプクド》永同郡《ヨンドングン》黄澗面《ファンガンミョン》老斤里《ノグンニ》での米軍による韓国の良民虐殺[☆8]や、一九八〇年五月の光州抗争は同質的に把握しうる歴史的事件なのか。米国の「犯罪的」な介入という側面から見れば、そのことばはある程度正しい。しかし米国という帝国の力がどのような方式で作動しているのか、それに対する韓国民衆の対応はどのようなものだったのか、そうした歴史的事件に対する民衆の記憶はどのようなものだったのかを把握するところまでは至らず、本質的な同質性だけを強調することは無理な試みと言えよう。

　黄晳暎《ファンソギョン》の長編小説『客人／天然痘《ソンニム》』[★7]は、そうした意味で多くの示唆を与えてくれる作品だ。この作品で黄晳暎は一九五〇年一〇月一七日から五十二日間繰り広げられた黄海道信川郡《ファンヘドシンチョングン》における良民虐殺事件を正面から扱っている。三万名を越える住民がひどい仕方で殺害されたこの事件を、北朝鮮は米国の犯した代表的な犯罪行為であると規定し、その場所に「信川米帝良民虐殺記念博物館」までつくって公開してきた。しかし彼はこの小説でその虐殺事件が米軍によるものではなく、黄海道地方内のキリスト教勢力と社会主義勢力間の対立の産物と規定し、話を展開している。近代的開化の二つの顔として、韓国の近代を規定してきたこのキリスト教と社会主義を、作家は「客人／天然痘《ソンニム》」☆9と呼ぶ。そして「主人の体に入りこんで根を降ろすソンニムと主人の闘い、あるいはソンニムとソンニムの闘いが、まさに韓国の近代だったのであり、東アジアの近代」だったという見解を展開している。

少なくとも韓国の近現代史をすべて「帝国主義対韓国民衆」の間で起きたことと説明せず、植民地主義と近代が韓国という身体のなかでどのように内面化されたのかも含めて考えようとしたという点で、小説家は前に例としてあげた歴史学者よりもずっと実体的な真実に近い歴史を構想していると思う。韓国における「光州」に対する歴史認識においてとてもめずらしいことではあるが、この歴史的事件を「国際的な陰謀」の産物あるいは「米国対韓国民衆」の対立の結果とみなさず、韓国社会の抑圧的な「動員体制」とそれにしたがうイデオロギーの内面化の問題として把握する論考が、安炳旭の文章が載っていたのと同じ本に収録されている。金ムヨンは「韓国現代史と五・一八民衆抗争の自画

★7『손님（ソンニム）』（黄皙暎、二〇〇一年、창작과 비평사）（日本語訳『客人（ソンニム）』鄭敬謨訳、岩波書店、二〇〇四年）という小説は、朝鮮半島という空間で起きた悲劇的な歴史的事件から民衆の記憶をそのまま復元しようとすることが、どれだけ貴重なことなのかを示してくれる作品である。記憶の復元がなければ、真の意味での和解も、悲劇を生んだ矛盾の克服も不可能なことではないだろうか。彼は小説集発刊後、ある月刊誌とのインタビューで、北朝鮮が一九五〇年の「信川大虐殺」事件をアメリカ帝国主義の蛮行としてこれまで規定してきたのは、「体制内部の縫合」によるものだという推定を提示している。

像」[8]という文章で、韓国現代史における民衆虐殺は、国家権力の暴力的統治体制の下で支配勢力が被支配勢力を抑圧する構造を反映しているが、これは社会的マジョリティがマイノリティを差別化し、マジョリティがマイノリティの虐殺を同意・傍観するなかで進行したという観点を提示した。だから彼は、（光州）虐殺に対する理解で重要なのは、虐殺を行なった少数の権力の問題だけではなく、多数の同意のなかで少数の虐殺が可能になった、韓国社会の抑圧的動員体制と、それを後押しするイデオロギーを分析する作業だと主張した。

たとえ光州虐殺に対する米国の責任の当否を問いただす場合においても、重要なのは米国がどのようなことを指示したのか、あるいは米国が掌握していた韓国軍の作戦指揮権をどのように使用したのかに焦点をあてるのではなく、米国がそうした法的権威を行使した態度あるいは様式に注目し、またそれを貫徹しようとするかれらの現実的な利害や、その利害が韓国社会に受けいれられる構造に焦点を当てなければならない。米国研究者の李三星《イーサムソン》がある本で主張しているように、「米国と世界についての研究は単純な政治史や外交史的な叙述たりえず」、それはまさに「私たちの存在様式、私たちの思惟の様式、結局私たちの文明それ自体に対する研究に他ならない」のだ[9]。したがって米国を理解するということは「私たちの生の意味がどのような力や価値により規定され変化しているのか」に対する探索に他ならない。米国の存在は一体韓国においてどのような意味をもっているのか。かれらは自らの利害を、韓国という「身体」のなかでどのように実現しているのか。また韓国人はそれをどのように受けとめているのか。さらには、米国と「光州」との必然的関連は一体どのように生まれたのだろうか。「光州」以降、韓国という「身体」はどのような変化をとげたのか。

私は前に掲げた米国国務部秘密文書を読みながら、このような問いが頭に浮かんだ。米国は私たち（韓国人）を把握しているのだが、実のところ私たちは私たち自身についてよくわかっていないのではないか。つまり、帝国主義は植民地の身体構造をのぞき見ているのに、植民地住民の視線は帝国主義だけに向かっているのではないか。「韓国民の大多数は、適度に自由化した維新体制を歓迎するだろう」であるとか、朴正熙が死んだら「韓国人は米国を国家運営の道標とみなすようになった」（ジョン・ウィカム）[★10]であるとか、「多数の韓国人は全斗煥の大統領就任を、現実に対する同意と考え、こうした変化を宿命的に、受動的に受けいれるだろう」（秘密文書）であるとか、「一二・一二事態以降、

★8『5・18 은 끝났는가（五・一八は終わったのか）』（学術団体協議会編、一九九九年、푸른 숲）に収録。

★9『미국과 세계（米国と世界）』（李三星、二〇〇一年、한길사）参照。

★10『12・12와 미국의 딜레마（一二・一二と米国のジレンマ）』（존 위컴、一九九九年、中央M&B社）。駐韓米軍司令官を務めたジョン・ウィカムのこの回顧録は、一九七九年の一二・一二事態と五・一八光州抗争における米国の背後役割を巧妙なかたちで否認することに、焦点があてられている。この本で注目すべきことは、彼が主張する米国の「光州アリバイ」をどのように反駁するのかではなく、この本の前提として貫通している米国の韓国社会に対する「オリエンタリズム」がどのようなかたちで現れているかという点にあると思う。

韓国国民は政治権力の不法的な奪取や非常戒厳の実施を通じた自由の喪失を受けいれた。私にとって圧制を容認する、ないしは諦めるかれらの態度は驚くべきもので、失望した」（ウィカム同書）といった、米国の官僚の韓国民衆に対する評価を、私たちはどのように、どこまで反駁することができるだろうか。かれらの理解と「帝国主義に立ち向かう韓国民衆」を主張する民衆・民族主義の民衆理解は、どちらがより符合的だろうか。

私はこれまでに提示されてきた光州抗争と米国に対する批判的な歴史叙述は、その時期の、いや今日この時点においても、韓国社会を正当に理解するのに失敗してきたと考える。私たちには、いまだあまりに多くの問いが問いのまま残されている。光州抗争に加えられた暴力の正確な実体は明らかになるのか。どうしてよりによって光州なのか。どうして他の地域の民衆は光州における虐殺を傍観したのか。それは国家権力の圧倒的な物理的抑圧のためだけだったろうか。なぜ光州虐殺の最高責任者である全斗煥は、韓国民大多数の支持を受けたのか（もちろん彼は執権期間中、民主化運動勢力の強い抵抗にあって、最終的に自らの次の構想を貫徹させることはできないまま倒れ、第二期の新軍部政権により裏切られはした）。そして米国はなぜ光州虐殺に対する責任を追及されながらも、韓国で以前にもまして大きな影響力を行使しているのか。

二―三　実のところ、釜山アメリカ文化院の放火事件以前まで、私は光州市民を虐殺した軍部を支援した米国に憤怒していたにすぎず、その時に「私たち（韓国）のなかの米国」がどのような存在の意味をもっていたのかについて深く省察する機会はなかった。私がその問題に関心をもつようになったのは、むしろ放火事件直後に経験した韓国社会の反応のためだった。

一九八二年三月一八日に釜山アメリカ文化院放火事件が起こったとき、韓国内のある新聞は、社説で「今回の事件は無知、精神衛生上の狂気、そして極左偏向という三つの病理要素の結合が生み出したもの」と主張した。それに先だって、米国国務部次官補リチャード・ホルブルックは、「この事件は一種の精神錯乱、あるいは倒錯のような所作だと思う」と論評したことがある。

この事件に対する反応がどのようなものだったのか、もう少し見てみよう。まず「誰のための放火なのか——アメリカ文化院焼失と民族的羞恥」という題目の『朝鮮日報』の社説（一九八二・三・二二）。「今年は両国の修交百周年を記念する多彩な行事が準備されている。……その間のどの時期にもまして両国間の安保協力体制は強固で緊密な方向に向かっていた。だから、いっそう韓米関係を遠ざけようとしたのかもしれない。しかしそれは卵で石を割ろうとするような妄想に過ぎない」。次は「釜山アメリカ文化院放火——どんな場合にもテロは容認することができない」という題目の『東亜日報』社説（一九八二・三・二〇）。「韓米間の長い友好関係がこのような一部分子の暴力行為で損傷されることはないとわれわれは信ずる。……またそうした行為が民族的にもたらす結果が、そうした所行をなした者が目指したようにはなりえないように、われわれは約束しなければならない」。この程度はとても穏健な反応だ。放火事件が起きて一月ほど後に出た『中央日報』の社説は衝撃的なものだった。「反共と親米は「憲法以上の国民的合意」だと断言できる」。

軍事政権下の言論が見せたこのような反応は、ともすれば自然で必然的なものであるかもしれない。私が本当に衝撃を受けたのは、権力側のそうした公式的な反応ではなく、むしろ一般市民の反応だった。確か放火事件が起こった次の日のことだった。夜が明け、私は新聞を買うために、近所にあるバスの停留所に行った。そこに近づくと、バスを待つ人のあいだで、新聞売りの少年が何か大声で言いながら号外を配っている姿が見えた。

「間諜《スパイ》が釜山アメリカ文化院に火を放った！」。少年のこのことばが耳元をかすめた瞬間、私はそのままその場に立ちすくんでしまった。「間諜《スパイ》」という単語が耳を貫き、ワンワンという音になって響き続けた。間諜だと？　その日は放火事件の次の日だったので、まだ新聞も前日の事件について詳しい報道ができず、単に「昨日のアメリカ文化院の火災は放火と推定される」とのみ書いていた時点のことだった。一体この幼い少年が何を考えて間諜という断定をするにいたったのか。アメリカ文化院に火を放ったのだから、考えるまでもなく当然間諜に違いないという、その少年の無意識に存在していた思考、私が真に怖れていたのはまさにそれだった。事態は明らかだった。韓国で米国に反対する人は「精神異常者」であるか「間諜」のうちのいずれかなのだった。

事件直後から私たちを検挙するために、米国のＣＩＡと韓国の情報機関、警察、軍捜査機関が総動員された「合同捜査本部」が設置された。新聞や放送は、一般市民が自発的に「班常会」を開いて犯人をすみやかに検挙するのに協力していると報道した。文字通り全国民的な犯人の捜索作戦が連日繰り広げられたのだ。私たちの首にかけられた賞金は三千万ウォン（当時の韓国の貨幣価値からすれば、庭園のある二階建ての家を購入できる金額）。結局、私たちは市民の申告により検挙された。

捜査機関における調査過程もまた私たちの予測を越えるものだった。私は最低でも、かれらが私になぜアメリカ文化院に火を放ったのかについて聞くだろうと考えていた。しかし私を含めて事件の関係者誰一人として、それに似た質問すらされた者はいなかった。光州虐殺に対する米国の責任を問うために放火したということばは、かれらにとってまったく「必要のない」ことであり、それは「お前らの事情」にすぎなかった。私たちを起訴した理由をしたためた起訴状のどこにも「光州」という単語はなかった。捜査機関において私たちの体に加えられた拷問の目的は、詰まるところ「光州」のためではなく、「社会主義者」であるからアメリカ文化院を放火したのだという自白を得るためだったのだ。かれらはしばしば私に「お前のような奴は金日成《キムイルソン》のところに連れて行かなければならない」と皮肉った。ある日、私が拷問を受けている調査室に捜査を指揮する検事がやってきた。彼は深刻な表情で私にこう問うた。「白と黄色と黒、色のなかでどれがいちばん好きか」。私は彼がなぜそんな質問をするのかまるでわからなかった。特に好きな色はないと言うと、彼は次にこう聞いた。「その三色のうちでどの色が一番嫌いか」。特に嫌いな色もないと言うと、彼は妙な表情をして部屋を出ていった。

私はいまもその検事がなぜそのときそんな質問をしたのか正確に理解はできない。私の推測が間違ってなければ、彼はおそらく私が白を憎悪し、黄色を熱狂的に好む偏執狂的な民族主義者だということを確認したかったのだろう。それが難しい司法試験をパスして検事となった韓国のエリートの意識水準だったとすると？

かつてアルチュール・ド・ゴビノーは『人種不平等論』で、「歴史はただ白人が接触するところからのみ生まれる」★11と述べた。白人が文化的生活を建設する意志と力をもつ唯一の人種だという意味で使ったことばだ。「大韓民国の主権は「米軍政」から渡されたものだ」。これは朝鮮戦争の休戦直後、大韓民国国会で出された主張だ。同じアジア人種により植民地支配を経験した韓国人にとって、白人社会米国との接触は、日本に対するコンプレックスや憎悪から抜け出すための何ものかだった。「日本に勝った」米国、共産主義の侵略から「自由の大韓民国」を救ってくれた米国、経済援助や驚くような新技術をもたらしてくれた米国は、韓国人にとってはじめからずっと「救世主」であり、分離することのできない「血盟」の位置にあったのだ。

ある意味、私は釜山アメリカ文化院放火事件以後の経験を通じてはじめて、韓国における米国の存在がどのような意味をもっているのかを実感することができたといえるかもしれない。新聞の表現どおり、「親米は「憲法以上の」国民的合意」だったのであり、「国家のなかの国家」、いや「国家以上の国家」だった。全斗煥政権下で駐米大使を務めていた柳炳賢《ユビョンヒョン》が言ったように、「世界で反米がない唯一の国」韓国で、「超法的な」合意の上に位置していた米国に反対することは、したがって「外部」のスパイであるか、韓国の「国家保安法」により処罰されるべき反国家事犯であるか、精神病者であるか、そのなかのどれかに該当するのだった。

一九八〇年五月の光州抗争で加えられた暴力の実体は、「国家テロリズム」だった。当時、全斗煥グループは公式的・合法的に執権した状態ではなかったが、国家権力の大部分を既に掌握していたという意味で、「国家」だった。国家を自任するこの権力が国家の「安保と保衛」という名目で軍部を動員し市民を虐殺したのであり、大多数の国民が軍事国家の安保の論理を認めていたのである。社会学者・金東椿《キムドンチュン》は「国家暴力と社会契約」という一文で、「国家が安保をもっとも一次的な機能とみなし、軍事主義の理念により動く産業化された国家を、果たしてどこまで近代国家として見ることができるか」という問いを発している。問題はこうした「安保国家」が、ほとんど全国民の支持を受けていたということであり、またこうした韓国社会の現実がどのように、どういう過程を通じて形成されたのかということだ。

言うまでもなく、韓国における国家暴力の起源は、日本の植民地支配とファシズム的な帝国主義権

★11 『국가의 신화（国家の神話）』（E・캇시러著（カッシーラー）著、崔明官訳、一九七九年、現代思想社）から再引用。

力により形成された「植民地規律社会」に求めることができる。しかし戦後の韓国社会は米軍政のはじまりとともに、異なる特性を持ちはじめた。戦後、米国とソ連による朝鮮半島の分割占領という初期冷戦構造下において、米軍政はソ連に対する「防御国家」の樹立という基本目標下に、南朝鮮の右翼勢力との同盟を軸として、左翼勢力と民衆部門に対する抑制と排除政策を施行した。そのために、米軍政は日本帝国主義の朝鮮支配過程で形成された抑圧的国家機構を活用し、その中でも主として軍と警察機構の強化を通じて、自らの目論みを実現しようとした。こうした米軍政の政策目標は、次の一言に要約することができる。「米国を植え付けよ!」。ここで米国を植えるということは、「親米主義」や「反共主義」を、韓国という植民地後期《ポストコロニアル》の「身体」に内面化させるということを意味する。戦後米国によって主導された冷戦秩序の形成は、植民地支配対民族解放の対立軸を、左右対立の軸に変えた。そのなかで強化される冷戦的世界観は、「両陣営観 two camp image」にもとづいて形成された。一国家内で、それは「内部の敵」との闘争への突入を意味していたのだ。

一九五〇年から三年間持続した朝鮮戦争は、そうした冷戦がさまざまな葛藤の過程を経て爆発したものだ。この戦争の過程で朝鮮半島の南と北は世界的冷戦秩序を徹底的に内面化し、国家対国家間の敵対的関係として変化した。もはや国家の安保は他のどんな価値よりも優位に立つ最上位の価値となってしまったのだ。「戦争の記憶」、これは戦後の韓国人にとって他のどんな歴史的記憶よりも規定的な記憶であり、他のどんな記憶を消すこともできる圧倒的な地位をもつ記憶だった。ひょっとすると韓国の抑圧的な国家体制は、この戦争の記憶を社会構成員のなかに絶え間なく再生する過程を通じて権力を維持してきたと言えるかもしれない。一九八〇年の光州抗争を挫折させた国家権力が、自らを合理化しえたのも、この戦争の記憶に対する呼びかけであり、光州虐殺を傍観し沈黙していた人々が自らの妥協を合理化することができた機制もまたこの戦争の記憶だった。

朝鮮戦争を経て、親米主義と反共主義（この二つはコインの裏表を成す）は、単純な理念の次元から「市民宗教」の次元まで深化していった。[★12] 市民宗教は新興宗教のように民族と国家を「聖化」し、個別化された市民を国家という巨大な集団と道徳的に結束させる。朝鮮戦争を通じて市民宗教化された反共主義／親米主義は、こうして「国家的儀礼体系と、それなりに聖性をおびた時間や空間や人物を創出し、それと緊密に結合する一つの総体的な制度と過程」を通じて、韓国社会のなかに深く内面化されている。韓国人に朝鮮戦争が開始した日付（一九五〇年六月二五日）はあまりにもよく知られているが、戦争が終了した日付（一九五三年七月二七日）はほとんど記憶されていない。だから韓国人は休戦日を記念せず、戦争の勃発の日を記念する。[★13]「六《ユ》・二五《ギオ》を想起せよ！」。国家により助長され

★12　この部分に関しては、강인철「전쟁의 기억, 기억의 전쟁（戦争の記憶、記憶の戦争）」（『창작과 비평（創作と批評）』二〇〇〇年夏号収録）を参照のこと。

★13　この部分については『전쟁과 사회（戦争と社会）』（金東椿、二〇〇〇年、돌베개）を参照のこと。

るこのスローガンは、過去の戦争の敵はいつでも自分を攻め込むことのできる「現在の敵」であることを想起させる。一年の真ん中に位置しているこの戦争勃発日以外にも、朝鮮戦争と関連した数多くの記念日、国立墓地や戦争記念館など「反共の聖地」、生きている休戦ラインや板門店、「地下洞窟《タンクル》の現場」[☆10]など、いまだ韓国社会が置かれた状況が暫定的な「休戦」状態にあることを想起させる装置を通じて、韓国の国家権力は「総力安保体制」あるいは「総力動員体制」を構築できたのである。

しかし韓国社会に構築された「総力動員体制」は、戦争の記憶を再生し、反共主義を強化するだけで可能になったわけではない。植民地支配と戦争の過程で、骨身にしみる「貧しさの記憶」を保有するにいたった韓国人にとって、米国はどのように記憶されてきたのか。戦後の韓国人にとって消し去ることのできない記憶の一つとして、「基地村《キジチョン》の記憶」がある。夕暮れ時になると、米軍部隊の後門の前にブリキのバケツを一つずつ手に持って一列に並び、米軍が食べ残した食べ物を待っていた人々の姿。朝鮮戦争世代である私たちの父母は、戦後世代である私たちをそうやって養った。今四十代前半になった私の記憶には、釜山駅の前にある「テキサス横町《コルモク》」に立ち並んでいた酒屋の前にぞろぞろ集まってのぞき見て、米軍兵士とからんでいる半裸の韓国人女性を見物しようと躍起になっているやんちゃ坊主たち、まさに幼い頃の私の姿がある。いわゆる植民地住民の窃視症的な視線 *gaze* は、そうしてはじまるものなのだろうか。「基地村文化」だとか、「基地村知識人」といったことばがいまだに使われているということは、米国という存在が朝鮮戦争と戦争後の時期を経る過程で、韓国という身体のなかにどのくらい深く侵入したのかを知ることのできる指標となっている。

一九六〇年代から本格化した「韓国的近代化」が、そうした貧しさの記憶をもった韓国人にとって、どんなに強力な欲望を引き起こしたのかは、充分に推し量ることができる。そうした意味からすれば、「漢江《ハンガン》の奇跡」を成し遂げたと賞賛されている朴正熙が、これまで「祖国近代化の父」として韓国人にあがめ奉られてきたのは、一方では理解しうる。韓国人の記憶において朴正熙は、十八年間の抑圧統治で犯した無数の弾圧と悪行にもかかわらず、いまだ「生きる神話」である。輝かしい速度の産業化と高度成長を産物としてもたらした彼は、自分の鉄拳統治に対する批判を「業績による正統化 performance legitimation」によってはねつけることができた。何年か前、韓国でもっとも勉強がよくできる学生が入学すると言われるソウル大学校で行なわれたあるアンケート調査で、「遺伝子複製技術」によりどのような人の遺伝子を複製したいかということを問う質問があった。それに対する回答を集計した結果、一位が朴正熙だった。このことを伝え聞いた時点においても、私はいわゆる「維新独裁」を経験していない世代だからそうした答えが可能だったのだろうと考えていた。しかし朴正熙政権により、長いあいだ政治的な弾圧と苦難を経験してきた金大中現大統領が、国民の税金である国庫から二百億ウォンを投じて、朴正熙記念館の建設を支援するのに乗り出したという事実は、彼の二律背反を問いただす以前に、韓国社会の現実における朴正熙が占める比重がどの程度なのかを示す明白な証拠に思われた。韓国はこのように今も「「死んだ朴正熙」が治める国」である。

私はこの章の最初の方で、一九八〇年の光州抗争の挫折と、それをもたらした巨大な国家暴力の素地には、韓国社会の構成員の社会的な集団欲望があるという問題意識の一端を、あらかじめ提示しておいた。いま、それを説明しなければならない地点に来たようだ。そのために、まず私は国家の理念と目標ということばを「国家の欲望」といい換えてみる。そのとき、一般的に人々が個々の社会構成員の社会的欲望を一つに集約して反映したのが「国家の欲望」であると考えたくもなるが、現実はむしろ反対に「国家の欲望」が個々人の欲望を一元的に支配し調節するのだと見るのが正確な理解だろう。十八年間、韓国社会を支配してきた朴正熙は、韓国人にとって「近代化の欲望を実現する主体としての国家」という認識を内面化させた。貧しさの記憶をもつ韓国人は、朴正熙の韓国的近代化戦略を本当に熱狂的に迎えた。こうして彼が提示した国家の指標や欲望を受けいれたのは、同時に国家が立てた反共主義と社会的規律を受容することを意味していたのだった。

しかしこのような支配と服従の葛藤なき結合（合意）は、韓国社会構成員が人間として持つべき価値や心性の破壊をともなっていた。暴力に対する倫理的無感覚症、物神主義《フェティシズム》に対する省察的思惟の欠如、効率性に対する過度の盲信、そして何よりも国家権力の行為に対する盲目的な追従。特にベトナム戦争に米国の下位同盟軍あるいは傭兵として参戦した経験は、暴力と物神主義を韓国人の心性の底に膠着させる結果をもたらした。

ベトナム戦争への参戦は、第一に「漢江の奇跡」とよばれる輝かしい「韓国的近代化」がもつ内面の実体をさらけだす契機でもあった。事実、朴正煕の初期発展戦略は成功をおさめることができなかった。[★14] それ以前まで韓国資本主義の蓄積の土台を築いてくれたのは米国の対韓援助であり、基幹産業の輸入代替と一次産品の輸出に重点を置いた朴正煕政権の第一次経済開発五ヵ年計画（一九六二〜六六年）は、外貨不足とインフレによりすぐさま難関に出くわすことになった。韓国経済がこうした隘路を克服し、一九六〇年代後半になって急速に発展したのは、いわゆる「ベトナム特需」と「韓日国交」の再開だった。米国のベトナム戦介入にともなう軍事費の拡大は、ベトナム特需を発生させ、これを契機として韓国は工業化の転機を準備しえたのである。ベトナム戦争と韓日国交正常化という二つの歴史的な契機は、韓国的な「近代の模造過程」が何に依存していたのかを克明に物語っている。まず派兵の代価として与えられた米国の借款は、韓国経済が直面した外資導入の困難を克服させ、韓日関係の正常化により韓国はベトナム特需のために日本から輸入した原材料や資本財を安い労働力を利用して組立加工し、これを米国市場に輸出するという三角貿易構造、すなわち「成長のトライアングル構造」を成立させることができたのだ。

韓国人の間では、よく韓国経済の高度成長は韓国の若者が「ベトナムで流した血」の代価だと言っ

★14 この部分については、정성진「한국전쟁 베트남전쟁과 영구군비경쟁（朝鮮戦争、ベトナム戦争と永久軍備競争）」（『경제와 사회（経済と社会）』二〇〇〇年夏号収録）を参照した。

たりするが、実際のところそれは「ベトナム人民が韓国人により流した血」の代価だった。私は今回のベトナムと日本の旅行をしながら、東アジア三ヵ国間の歴史の裏面に存在していた、この悲しくて呆れるような因縁を再び考えるようになった。果たして韓国人にとってベトナム戦争は何だったのか。それは私がここで扱おうとしている光州抗争とまったく関連がないのだろうか。

中学生の頃、港湾都市釜山に住んでいたおかげで、私たちは何かにつけて授業をやめては先生に引率されて埠頭に行き、「自由世界」を守るためにベトナムに旅立つ国軍兵士を、太極旗を振って歓送することがあった。その韓国軍兵士がベトナムに行って何をしているのかは、幼い私たちには知るよしもなかった。かれらはいわば「産業化の働き手」だった。かれらの母国は派兵軍人の送金、米国の物資調達などを中心に年間二億ドル、一九六五年から七二年までに累計十億二千二百万ドルに達する特需を与えられた。私はそれに関連して一つ忘れられない記憶がある。それは一九七〇年代中頃、同じ町内の隣に住んでいた一男性（ベトナムに参戦し除隊した軍人だった）の家で見たアルバムの写真だ。そのアルバムのなかには首を切られたり、腕や足がとれたりしてしまったベトナム人の死体、さらにひどいものでは乳房がえぐられたいわゆるベトコン女性の死体もあった。そうした凄惨な写真に満ちあふれた二冊のアルバムを見せながら、彼はベトナム人の死体の切れ端の上で食事をしたこともあると、自慢げに語った。韓国の若者がベトナムに行ってしたことは、そんなことだった。そうした参戦勇士が稼いできたドルは、彼らの親兄弟が住む韓国農村の隅々までもたらされた。まさに韓国人一人一人が「ドルの味」を経験した時期がこの頃だった。その代価に、韓国人は暴力に対する無感覚、多数の利益のために少数が犠牲になっても構わないという倫理的感覚の荒廃、言ってみれば「成長の果実」と暴力が共存する現実に適応する術を学んだ。そして一九八〇年五月、私はいつか見た人間の残酷な屍を韓国の光州で再び見ることになった。

二―四　この辺でこの章を結論づけねばならないようだ。これまでの叙述を通して、私は「光州」の記憶を再構成してみる。一九七九年一〇月二六日、韓国人にとって「近代化の父」であり成長の速度を保障してくれていた朴正煕が死んだ。一九七八年の国際石油波動による海外需要の急減とともに、海外からの借入に過度に依存していた重化学工業化戦略の危機は、一九七〇年代末における韓国資本主義の蓄積危機のはじまりだった。[★15]こうした蓄積危機は民衆の経済的不満を増大させ、抑制された政治的自由が表出される契機を提供し、維新体制に対する抵抗を加速化させた。しかし民衆革命によってではなく部下の手によって朴正煕は死んだ。この死は民主化運動勢力と一般大衆の距離を広めた。それは朴正煕に対する不満と朴正煕がつくった神話のあいだの乖離だった。時間がたつにつれ、大

★15　この部分は、박은홍「5・18 과 아시아의 개발독재――「사회도전」의 정치・경제（五・一八とアジアの開発独裁――「社会挑戦」の政治経済）」（『5・18 은 끝났는가（五・一八は終わったのか）』）を参照した。

衆のあいだには「成長の保証人」が消えたことへの不安と動揺がつのった。野党指導者が確保している政治的リーダーシップと民主化勢力が持つ力と規模は、開発独裁権力の一時的な空白を民主化へと移行させるほどの堅固なものではなかった。大衆の欲望が方向性を喪失していたとき、軍事主義にもとづく独裁体制下で成長した軍部が国家権力へ向かって迅速に行動を展開していった。米国は「金大中は危険で、金泳三《キムヨンサム》は無能で、金鍾泌《キムジョンピル》は腐敗している」と言って、その時期の大衆の代案不在による不安な心理を煽る一方、軍部の政治的行軍（一二・一二クーデタを決定的契機とする多段階のクーデタの進行）をソフトに後押しした。一九八〇年の五ヵ月間に維新体制全期間のストの件数を凌駕する九百件のストが起こったが、これは社会的不安感を一層増大させた。一方、軍部は朴正煕体制の裏切り者を厳重に処罰することで、朴正煕の嫡子として自らのイメージを構築していった。この時、まるでかれらの行軍を力づけるためのBGMのように、北朝鮮の軍事的な威嚇がひときわ強調され、北朝鮮軍の動きが毎日のように新聞の一部分を占めていた。軍部の堅固さと強腰の立場は、民主化勢力の活動を萎縮させた。決定的な抵抗を組織し持続する能力を持ちえなかった抵抗の流れは分散し、離脱者も出はじめた。どんな実権も持っていなかった過渡期の政府は、時がたつにつれて軍部に依存するようになり、もはや政治空間で効率性とリーダーシップを持ちあわせた勢力は軍部しかいないという事実が次第に「立証」されていった。となると軍部は権力掌握の最後の手順を踏むため、動揺する大衆に明確な選択を要求する問いを投げかける段階になったと判断した。少数の「反国家集団」が約束する自由民主主義のあやういユートピアを信ずるのか、それとも一時止まっていた成長の機関車に再び乗るのか。すでに長いあいだ成長の果実の味をしめ、近代化の欲望が大きくなっていた韓国の大衆社会は、果たしてどちらを選択するだろうか。

しかしここで最終的な権力掌握を目前にひかえた軍部に要求されていたのは、非合理的な権力掌握を正当化しうる「名分」を確保することだった。韓国社会の根底には、朴正熙政権十八年間に累積してきた社会的矛盾と民衆の不満があった。この不満(みたされないまま放置された欲望)が、権力の一時的な空白によって一挙に噴出しそうな状況だった。大衆の社会心理は決して単一のものではなかった。そこには成長の分配をめぐる階級・階層間の内的葛藤、世代や地域間の競争心などが存在しており、大衆社会内で相反する意思も見られた。特に韓国社会に根深く存在する地域住民間の偏見や相対的な剥奪感からくる葛藤は、国家権力に対する態度を決定するときの差異として現れていた。これに加え、政治的自由主義に対する心情的な同意よりは、成長の果実に執着してきた、いわゆる都市中産階級の安定追求の心理は、大衆社会の心理的な地形を複雑にさせる重要な要因として作用していた。

ルネ・ジラール[★16]によれば、ある集団のなかで露わになってはいないが明らかに内在していて、ある時点でついに噴出するような暴力を、集団外部の対象や、あるいは復讐に悩まされる憂慮がほとんどない犠牲物という集団内部の特定の対象に噴出させることで、内燃していた葛藤や暴力を消滅させ、再び秩序と平静を維持しようとするのが、「犠牲祭儀」であると言う。これは暴力によって暴力に打ち勝つメカニズムだ。ジラールはキリスト教の聖書に出てくるイエスの十字架処刑も、天の思し召しと言うよりは、むしろ当時ユダヤ人社会内で内燃していた葛藤と反目や暴力を解消するために、人間がつくりだした一つのスケープゴートにすぎなかったと見ている。しかし、犠牲を要求した集団全体やその祭儀により利益を得る集団の論理から見れば、この犠牲祭儀は集団にとって害となる部分を取り除く、つまり再び平和と秩序をその集団にもたらす「有益な」祭儀だが、犠牲物の立場からすればそれはまぎれもない「暴力」に他ならない。「多数のための少数の差別と犠牲」にあまりに慣れきった韓国社会において、一九八〇年五月の光州虐殺は、それがあたかも国家の安全や社会全体の維持のために不可避的に実行された少数の犠牲であるかのように受けとめられる傾向が、長い間一般大衆(特に他地域の住民)の社会的心理に存在していたと私は見る。ではそれは「光州」に対する解釈を国家権力が独占することで生まれた、単純に外から注入された観念に過ぎないのか。あるいは自らの安全と利益を全体の利害だと偽り、少数の犠牲を不可避なものと見るのに慣れた韓国社会の構成員の自己欺瞞に過ぎないのか。暴力に対する無感覚と無知、いや暴力に対する感受性自体が欠如した大衆の社会的心性が、一九八〇年五月の狂気と暴力を呼び起こしたのではないか。

一九八〇年当時、いまだ国民にはなじみの薄い存在だった新軍部にとって、権力掌握のための唯一の名分は、いわゆる国家の安全と体制の維持というものしかなかった。これは近代国民国家の経験が帝国主義国家、暴力国家、軍事国家に限定されている韓国人にとっておなじみのものではあったが、絶対的な喚起力をもつ名分でもあった。国家守護の能力を備えた唯一の集団として自らを見せつけるために、軍部は体制を脅かすと判断される対象に物理力を集中させることにより、自身の能力を誇示する必要があった。欲望の捌け口が詰まって不安や不満として波打っている大衆の視線を別の場所(犠牲になりうる特定の対象)に向けることにより、どこに向かうかわからない欲望を馴致しうる決定的な契機が必要だったのである。これは大衆に内蔵された暴力を別の暴力をもって治めるという方法でもある。「祭司長」としての権力者は、このように大衆の内面心理にある欲望を読み解き、その出口を開くことのできる者だった。ヒトラーのことばどおり、偉大な雄弁家は聴衆の大多数がひそかに思っているが口に出すことができないことを語ってくれる人だからだ。

当時、韓国内の米国の官僚は、韓国人大多数が「朴正熙なき朴正熙体制」を希求していると判断していた。それがたとえ「模造された近代化」の過程にすぎず、抑圧的な性格をもっているとしても、大衆は模糊としたユートピアよりは増大する欲望を充足してくれる、強くて効率的な権力を内心では

★16 韓国で翻訳紹介されているルネ・ジラールの代表的な著作としては『暴力と聖なるもの』(一九九七年、民音社)〔日本語訳、法政大学出版局、一九八二年〕、『身代わりの山羊』(一九九八年、民音社)〔日本語訳、法政大学出版局、一九八五年〕がある。

期待していたのかもしれない。朴正煕は死んでも、韓国人の大多数は彼がつくった「韓国的近代化」という「欲望の充足体系」をいまだ渇望していたのかもしれない。エリアス・カネッティ[★17]が指摘したように、むごたらしい戦争と暴圧の記憶にもかかわらず、「群衆」は「生産」に対する信仰、すなわち「増殖」に対する現代的熱狂を捨てることができないのだ。

では軍部は自らの能力を誇示する標的、スケープゴートとして何を対象に選択したのか。まず朴正煕と同じ地域に支持基盤を置いていた新軍部が、自らの政治的故郷たる嶺南《ヨンナム》〔慶尚道〕地域(とくに大邱・慶北地域)に物理力を行使すれば、いずれ権力基盤を喪失する結果をもたらすことになるだろう。それに比べれば、経済開発の成果からこぼれ落ちて不公正な分配に不満をもち、政治権力への侵入が源泉から封鎖されて抵抗意識の強かった湖南《ホナム》〔全羅道〕地域を標的にするのはどうだろうか。それは、政治的不満勢力は「不順勢力」であるという一般的な認識を利用して暴力の行使の正当性を確保するのに、また他の地域の大衆を「スケープゴート」から分離するのにも、絶好のカードとなるだろう。この章の第二節で言及した米国国務部秘密文書と同時期に公開された、米国国防部秘密情報報告書(一九八〇年五月一六日発信)には、次のような非常に意味深長な部分が出てくる。「軍部指導者は全面攻勢のために軍隊を動員するのであれば、国民の七十パーセントが学生の活動に反対しなければならないと思う。……軍部では、金大中の逮捕に対する支持を引き出すために、「大きな事件」が起こるのを待っている。……もし金大中が逮捕されれば、学生の間で「深刻な反応」が生じるだろうし、軍部指導者もそうした可能性をうかがっているに違いない。学生の反応を悪化させることを望むならば、金大中の逮捕は活用するにもってこいの戦略である」。

その後の状況は、不幸にも米国と軍部の予測どおりに進行した。金大中と民主主義運動の指導的な位置にあった人々は「国家内乱陰謀罪」で拘束され、さらに光州では折良くデモが爆発し、「国家を決定的に危うくさせる」この「不順分子」を制圧するために、よく訓練された特殊部隊が投入され、そのために多数（いまだ死亡者数は正確に明らかになっていない）の光州市民が殺害された（当時戒厳司令官だった李熺性《イフィソン》の表現によれば、光州事件の規模は米国のマイアミ暴動程度にすぎないものだった）。しかしこうして光州で「華麗な休暇」という名の作戦命令の下で血なまぐさい「犠牲祭祀」が執りおこなわれているあいだ、光州市民を助けるためにそこに駆けつけたり、暴力の不当性に抵抗したりした人は誰もいなかった。いや他の地域は奇異なくらい徹底して沈黙していた。その後、光州の虐殺者・全斗煥は権力を掌握し、多数の韓国国民は新たに登場した軍事政権を全面的に支持した。以上がまさに私の知る限りでの一九八〇年五月の「光州」についての記憶を要約したものだ。

もっともこれはまったく新しいストーリーではない。しかし「光州」に関するこうした話は人々の

★17　エリアス・カネッティ Elias Canetti の著書『群衆と権力』（一九八二年、한길사）〔日本語訳、法政大学出版局、一九八二年〕はこの論考を書くのに多くの示唆を与えてくれた著書のうちの一つである。

あいだで意外に論じられておらず、「意図的に」黙殺されたり、無視されたりしている。なぜそうなのか。これまで「光州」に対する理解は、米国と軍部の「陰謀」にその原因を求めるか、民衆の民主主義に対する熱望を裏切った軍部の「例外的な暴力」だったという考え方が支配的だった。だが果たしてそうか。韓国社会の構成員が潜在的に持つ集団的欲望（「韓国的近代」の拡張された生産と消費の構造と連結した）は、この暴力と無関係なのか。そうした暴力を通じて自らの欲望を安全に保障されることを内心で期待しつつ、暴力につとめて顔をそむけてきたのではないか。

その後の二十年間、「光州」はいわゆる「聖化」の過程をたどってきた。まるで殺害されたイエスが救い主として崇拝されたように、「光州」は「民主化の聖地」としてみなされている。では、果たして光州以外の地域で、どれだけ多くの人々がそのときの自らの沈黙を反省しているのだろうか。私にはわからない。しかしこのように問うことはできよう。光州抗争の正当性について相変わらず内面では拒否しているにもかかわらず、私たちが「光州の聖化」に同意し、それが一日もはやく完了することを望んでいるのは、まさに私たち自身がその暴力に連累していたという事実を隠したいからではないだろうか。聖化された記憶は、決して危険ではない。また聖化の過程は実際の記憶を消す過程でもある。そうして「光州」以降二十年が過ぎた今日の韓国社会は、どのような姿で存在しているのだろうか。その日の暴力と、その暴力の背後にあった私たちの欲望は消え去ったのだろうか。

「光州」、二十年後――忘却された暴力は繰り返される

過ぎ去った事実を歴史的に表現するということは、「それが一体どのようなものであったのか」を認識するということではない。それはある危機の瞬間に閃光のように通り過ぎていくようなある記憶をとらえ、自分のものとなすことを意味するのだ。

――ヴァルター・ベンヤミン「歴史哲学テーゼ」より

三―一　二〇〇〇年一月一日〇時に封切られ、五十万名を越える観客が見たという映画「薄荷飴」(邦題「ペパーミント・キャンディ」)は、過ぎ去った過去をどのように記憶するのかという主題に関して示唆するところが少なくない。この映画は一言で、韓国人にとって特に「激浪の時代」として記憶される一九七九年から一九九九年までの韓国現代史二十年を背景とし、その時代状況のなかでひたすら破滅していく四十代男性の悲劇的な人生を描いた作品だ。しかしこの映画は受難と悲劇を扱ってはいる

が、構成の方式や内容において、これまでの韓国映画によくあった「受難史の物語」、あるいはメロドラマやイデオロギーとしての受難史とはまったく異なる次元にある。

まずこの映画は、ストーリーの展開が時間の逆順に配置されているという独特の構成で進行する。映画は、生に対する未練を捨てた四十代中年男性が、鉄橋の上で「俺はまた戻る！」と叫び、走ってきた列車に当たって死ぬ最初の場面でストップした後、そこから過去の時間に向かって「遡って」いく。二日前、一月前、さらに二年前、五年前、十年前……。そうしてついに二十年という時間を逆流し、最後に二十年前のある瞬間、一人間の人生においてもっとも美しく純粋だった時期の姿で止まる。その終着地はどこか。一九九九年から一九七九年まで、暴力と傷痕が染みついた韓国現代史二十年の時間旅行が終わった地点は、ソウル九老《クーロー》工業団地で働く二十代の一青年労働者の、まだ胸に傷を負っていない初恋の記憶がとどめられていた時代だった。では、彼の人生はどのような過程を経て、そこまで徹底した破綻にいたったのか。

映画中の時間の流れが逆順だといったが、それも規則的なものではない。時間の段落は、徹底して一個人の生における「危機」の瞬間を中心に配置される。そうして時間の順次的な流れのなかでは容易にとらえられなかった歴史的条件や人間の生が結ぶ関係は、「危機の瞬間にとらえられた記憶」を通じて、そこに込められた真実を把握する。この映画が描いているのは、もちろん「現在を生むことになった」過去である。しかし危機の瞬間にとらえられた過去を記憶するということは、現在とは「また別の現在」として、ある個人と歴史を導いたかもしれない「可能態」としての過去を発見させてくれるのだ。

私がこの映画に特別な関心をもつようになったのは、おそらく直接的には映画の主人公が私と同じ四十代だったからだ。韓国の四十代における記憶の中心には、一九八〇年五月の「光州」がある。二十代の労働者の純粋さを大切にしまっていた主人公は、この「光州」という悲劇的な事件に出会うことで、まったく異なる生の道筋をたどっていくことになる。戒厳軍として投入され、誤射により罪のない女学生を殺してしまい、そのことによる精神的な外傷で彼は自暴自棄の心情となり、刑事となる道を選ぶ。刑事となった後は学生運動や労働運動により捕まえられた若者を拷問しながら、次第に残忍な人間に変わっていく。世間にもまれて一層野卑で多重的な性格を持つようになった彼は、結局同業者の詐欺にあい、家庭破綻と経済的な破産により自殺を選択してしまうのだ。

しかし映画の主人公は私とは異なる。私が釜山の米国文化院に火を放つことで、ある意味特殊な運命を選択したとすれば、彼は一九八〇年五月に「望まぬ状態」で「加害者」となった人であり、彼を含む他の平凡な韓国人の生についての記憶は、これまで「公式的な歴史/国民の歴史」や「抵抗史」のどちらからも排除されてきたものだ。映画「薄荷飴」は、まさにこの平凡な個人の生が歴史的条件のなかでどのようにぼろぼろと崩れていくのかを見せてくれることで、朴正熙式の国家主導の経済開発モデルが破産にいたった一九七〇年代末から、ＩＭＦ救済金融期を国家主導の新自由主義構造調整によって切り抜けようとしていた一九九〇年代末にいたるまでの二十年の韓国現代史の空間が、個人が自由に自らの生を営為することができない悲劇的な空間だったことを発見させてくれる。

映画「薄荷飴」が成しとげたもっとも大きなことは、一九七九年と一九九九年という二十年の時間の始めと終わりがもつ悲劇的な同一性を確認させてくれることにある。そこには、歴史における唯一の行為の主体だった「国家」と、国家により名指され動員された「国民」だけがある。一九九七年末に韓国経済が破綻に陥り、急いでIMFの救済金融を受けいれた後に登場した金大中政権が、国民を相手に展開した「金《きん》集め運動」[☆11]を覚えているだろう。国家経済の危機を前にして、卒業記念指輪や結婚指輪はもちろん、子どもの満一歳を祝う指輪まで喜んで差しだした韓国人を、全面的に責めることはできないだろう。国家経済の没落が個人の生に与える影響は無視できないからだ。さらにそれまで強力な隊伍を組んで頑強に自らの権利を主張してきた韓国の労働運動も、この経済危機の前には一歩踏みとどまった。そして「ハイコスト／低効率」の経済体質を改善するために採択された「労働市場柔軟化」政策にしたがい、構造調整を受けいれ、労働者に対するリストラまで一定程度受けいれた。にもかかわらず、現在韓国では何が起きているのか。

二〇〇一年四月一〇日午後三時三〇分、大宇《デーウー》自動車富平《プッピョン》工場の前では、この工場から解雇された組合員四百名と警察千五百名が二時間以上対峙していた。[☆12]ある瞬間、雰囲気があやしくなると、労働者は上着を脱いで横たわり、非暴力抵抗の意思を表示した。周辺では子どもをおぶった解雇者の夫人も見守っていた。ところが突然鎮圧命令が下り、警察が労働者に向かって突撃しはじめた。

それは野蛮な光景だった。服を脱いだまま横たわっている人を盾で突き、立ち上がると棍棒で殴り、倒れれば軍靴で踏みつけた。横たわった人の顔に振り下ろされた盾には殺意すら感じられた。あばら骨が折れて転がる労働者を追いかけていって軍靴でさらに彼を踏みつけていた。血まみれの顔で呻いている人、頭をかかえてふらふら歩く人、混乱してぶるぶる震える人々……。逃げ道もなかった。すべての退路は鎮圧前にふさがれた状態だった。警察は抗議するかれらの夫人も連行していった。その状況を撮っているカメラのレンズにも血の滴がついていた。「第二の光州事件だ!」。次の日、ビデオに収められた光景を見た人の口から出た嘆息だった。

一体、国家とは何か。韓国において国家はここまで全知全能の存在であっていいのか。国家はいつもこのように個人の精神と肉体を破壊する殺人的な暴力を命令することができるのか。一体、一九八〇年五月の「光州」に加えられた暴力と、二〇〇一年四月に行使された暴力は、何がどれだけ違うというのか。一九八〇年五月にも、二〇〇一年四月にも、韓国では国家だけが暴れ回り、個人はない。国家の暴力だけがあり、人間の権利はない。韓国においてIMFは従属型の国家主義経済発展戦略の破綻を意味していた。しかしIMFは韓国で「国家経済」の危機としてのみ認識されたのであり、社会構成員個々人の「生の危機」とは認識されなかった。世界化は唯一の指標であり、「富国強兵」を要諦とする「韓国的近代化」発展戦略は、過去完了形ではなく現在進行形だったのである。IMF

式構造調整を韓国経済更生の唯一の標準と定めた金大中政権が主張する改革の性格とは何か。その底流にあるのは国家—市場主義であり、その本質的な志向は新自由主義世界化の趨勢に適応しようという、二十一世紀的なレトリックに飾られた「祖国近代化」モデルの変種に他ならないのではないか。韓国で最高の部数を誇る新聞〔朝鮮日報〕は、「また走ろう運動《タシティジャウンドン》」というキャンペーンを展開したことがある。一九八〇年五月の「光州」に対して、また国家の役割というものに対して、私たちは何を反省したのだろうか。

三—二　二〇〇〇年一月、私ははじめて訪問した日本で「国民の歴史」というものを目撃した。日本の首都東京のほぼ全域を蟻の行列のようにつなぐ地下鉄の扉の左右に貼られている広告。それは一九九九年一〇月末に日本で出版された、『国民の歴史』というタイトルの本を宣伝する広告だった。「国民の歴史、六五万部突破！」。一体「国民の歴史 national history」とは何を意味するのか。なぜ単なる「歴史」ではなく「国民」の歴史なのか。それは日本の「国民」がつくっていく歴史なのか、あるいは国民を「つくる」歴史なのか。

日本だけではなく、近代の国家権力はその国家の構成員を動員するために、かれらに集団的な記憶としての「国民の歴史」を付与し、それを通じて「国民的アイデンティティ」をつくってきた。近代国家は国民国家であり、この国民国家において国民は「積極的に自らを国家と同一化し」、「進んで国家のために戦」わなければならない。これは現在「新しい歴史教科書」をつくる運動を展開している、いわゆる「自由主義史観」の人々が評価する司馬遼太郎〔『この国のかたち』〕のことばだ。なぜかれらはここまで熱心に「国民の歴史」をつくって呼応しようとしているのか。姜尚中《カンサンジュン》の分析★18によれば、こうした日本の新しいナショナリズムは、脱冷戦以降のグローバリゼーションの進展と国民国家の新自由主義的市場秩序への再編成による脱領域化が、公的な領域に対する一体感の消滅につながるかもしれないという危機意識を背景として生まれたものだ。自由主義史観の人々はまさにこうした危機意識を梃子として「公的なもの」を国家と同一視し、その上で日本の「戦後民主主義」がつくってきた「市民的公共性」を攻撃している。私が見たのは、まさにグローバリゼーションが強いる変化のなかで「公的な空間」をめぐる激烈な闘争の一部分だったのだろう。では、「記憶の内戦」とよばれるこの闘いは、韓国の現実とは何の関係もないのだろうか。

私は、現在の韓国で「新しい形態」で再び生まれようとしている「国家」と「国民」を目撃している。しかし古い国家／国民と、この新しい国家／国民のあいだには緊張が存在している。それはいわゆる「脱国家化」と「国家主義の強化」という一見矛盾した状況の間の緊張であると同時に、「透徹し

★18 高橋哲哉／小森陽一編『ナショナル・ヒストリーを超えて』東京大学出版会、一九九八年〔韓国での翻訳は『국가주의를 넘어서』、삼인、一九九九年〕。

た愛国心」をもって「世界市民／新人類」となることを夢見る韓国人が経験している内的矛盾である。

私は韓国社会において国家主義は変形しただけで、決して消えたわけではないという証拠を、一九九五年一二月二一日に制定された、いわゆる「五・一八民主化運動等に関する特別法」（法律第五〇二九号）を通じて確認することができると考える。この二十年間にわたる、数多くの闘争の成果と賞賛されているこの法律に書かれている内容を具体的に見てみると、深い懐疑に陥ることになる。この法律の第一条「目的」項には次のように記されている。――この法は一九七九年一二月一二日と一九八〇年五月一八日を前後して発生した憲政の秩序を破壊する犯罪行為に対する公訴時効停止などに関する事項などを規定することにより、国家の綱紀を正し、民主化を定着させ、民族精気を涵養することを目的とする。――この論考の最初の章で明らかにしたように、一九八〇年五月の光州抗争と関連した長い闘争の歴史は、言説の政治の次元を越えて、法律的・制度的な次元でその正当性が確認され、この法律を基礎として責任者処罰と犠牲者に対する名誉回復と補償が達成された。では、これは何を語っているのか。

まず何よりも法律で述べられている「民族精気 the essence of nationality」とは何か。それは果たしてヒトラーのナチ政権が強調した「民族精神」や、日本の天皇制ファシズムが掲げていた「国体の精華」というものとどこが違うのか。「民族精気」ということばは、韓国において一九六一年五月一六日の軍事クーデタで執権した独裁者・朴正熙の統治期間中にはじめて使用された（一九六七年）。[☆13] それは一二・一二軍部内のクーデタ以降、多段階のクーデタを敢行して執権した全斗煥新軍部勢力の場合も同様である。彼らは「国家安保」と「憲政の秩序」を破壊する「光州の暴徒」を、武力を用いてでも鎮圧することをためらわず、「国家の綱紀」をただすため恐怖政治も辞さず、「民族精気」を純粋に保存するために永久政権を計画していた。数多くの光州市民を死に追いやった一九八〇年五月の無慈悲な虐殺は、こうした「国家の名」により行なわれた暴力だった。ところが、この国家の暴力を、国家の綱紀と民族精気の名において処罰し補償するというのだ。それゆえ人間の生命を保護し、人権と平和を補償するためではなく、墜落した国家の綱紀をただすためにこの法律を施行したのである。この法律を受けいれた「光州」の犠牲者は、そんな国家に対して、光州の望月洞墓地を「国立墓地」に昇格させ、光州抗争の犠牲者を「国家有功者」として待遇してくれと要求しているのだ。まさにこれが韓国で進行している「大衆の国民化」の現象であり、「光州」の記憶が「国民の歴史」のなかにことごとく編入されてしまう社会的過程である。

もちろん、どこに住んでいても国家に属しているかぎり国民でないとは言えない。しかしもし一個人が国民以外にはどんな別の形態としても存在することができず、どんなアイデンティティも持つことができないとすれば、まさにそんな社会を称して全体主義社会というのだ。徴税に対する抵抗がほとんどない国、国民統制のための住民登録制度を変更した時にすべての国民が短期間に駆けつけて一糸乱れず指紋捺印に応じる国、国家安保のためならば矯導所に閉じこめられた囚人も領置金をはたいて募金運動に参与する国、まさにそのような国が光州抗争から二十年たち軍事政権が倒れ二度の文民政権の「改革」の実験を経験している、私が住んでいる大韓民国の現住所だ。

しかし韓国人は、一国家の国民であると同時に「世界国家」の「国民（？）」にならなければならないという強迫観念を持っている。それは他でもない世界の「中心国家」の米国の価値を競い合って受容するという現実を生み出している。韓国人は、ＩＭＦの局面を通じて「国家」が動揺するのを見、国家が「国民」を育ててきた「公教育」が教育のおとなしい受容者だと信じていた学生から否定されるのを見、老後を託していた銀行が不渡りを出すのを見、家族が一所懸命通っていた職場から突然追い出されるのを見、取るに足らない「社会的安全網」すら破壊されて野宿者が寒い地下道の床に群がって寝ている姿を見、食べるものもなく幼い子どもを孤児院に捨てるのを見、そうすることもできない若い家長が首をくくって自殺したというニュースに日常的に接しながら、ことばではきいていた「二十対八十」〔富者／貧者の比率〕の社会を実感している。ラテンアメリカの作家アリエル・ドルフマン[☆14]の小説の題目〔「わが家が火事だ」〕のパロディでいえば、「わが家が火事」になっている情景を見守っているわけだ。

この燃えている「わが家」から脱出できる道はどこにあるのか。その道は、もはや「他者」を信じない心性を会得するところに見いだされる。「同情なき世界」という映画〔邦題「愛さずにいられない」〕の題目のように、そうした自己生存の模索過程において、社会的弱者に対する同情や憐憫は絶対禁物となる。万人に対する万人の闘争！　二〇〇一年五月一日、ソウルの大学路《テハンノ》で労働者・学生・市民ら三万余名が集まり「第百十一周年世界労働節記念大会」を開いていた同じ日の同じ頃、民主抗争の都市・光州の一工場（株式会社キャリア）では、工場に籠城していた非正規職の下請労働者に対して無慈悲な暴力が行使されていた。富平の大宇自動車工場前での警察の暴力沙汰がまだ記憶に新しい頃に起こったこの暴力事件は、驚くべきことに同会社の労働組合と正規職員の黙認と幇助によって成された。他でもない労働者階級の団結が叫ばれていたメーデーに、自分より不利な条件にある非正規職の労働者が暴力により倒れていっているとき、正規の労働者は冷酷な傍観者となり、その現場を見守っていたのだ。息子の就職が父親の失業となる状況において、家族とは何だろうか。冷酷なピラミッド型食物連鎖の構造、あるいは二十一世紀型市場制身分構造が定着していく現実において、人間は他の人間にとってどんな意味を持つ存在として残るのだろうか。

三―三　今から二年前の初春のある日、私はある地方の日刊紙の記者から電話インタビューの要請を受けた。彼は私に、近いうちに（その時点から一月後に）釜山アメリカ文化院が韓国政府に返還される予定なのだが、その所感はどうかと問うた。釜山アメリカ文化院……！　日帝植民地支配下で農村搾取の手先だった東洋拓殖会社の建物を、一九四九年に米国が引き継ぎ、この五十年間無償で使用していた建物が、とうとう韓国政府に返還されるという消息は、いずれにしても喜ばしいことではないか。しかし、この建物は私の人生において何だったのか。私と私の同僚の運命を完全に変えてしまった一九八二年の釜山アメリカ文化院事件！　私の人生で決して忘れられないその建物が歴史のなかに消え去るというのだった。あの日、傲慢な米国に向かって爆発した憤怒の記憶を残して。

次の日、そのことを伝える記事の題目は「半世紀ぶりの快挙！――釜山米文化院返還」だった。私は半世紀ぶりの快挙という表現に大変めんくらった。本当にそうか。釜山地域だけでも米軍の無償占有地域が二十万坪にもなり、全国的には駐韓米軍だけで基地百二十余個、その面積がソウルの汝矣島《ヨイド》〔漢江の中洲で国会議事堂をはじめオフィスが集中している〕の百十倍にあたる九千万坪を越える国の一都市にあるアメリカンセンター一つが返還されたといって、五十年ぶりの快挙とは。駐韓米軍が撤収したというニュースが太平洋を越えてきただけで、全国民が立ち上がって米国の背中にすがる国においてだ。どうしてこの国には驚くべきことがこんなに多いのか。

はっきりしているのは、こうした誇張されたレトリックには、米国という国家との関係から形成されてきた韓国人独特の矛盾した認識が反映されているということではないか。限りない羨望とコンプレックスが裏腹になった憎悪。映画館で上映される数多くの映画が、図書館の本が、飲食店が、さらにはすべての国家儀礼と記念物と象徴が、既にアメリカンセンターの機能を果たしている国で、米国は韓国に文化院を維持する必要があると考えるだろうか。ノーム・チョムスキー[☆15]やハワード・ジン[☆16]の米国の実体に対する批判や告発精神が決してマクドナルドハンバーガーの味覚に勝てない韓国において、アメリカン・スタンダードの指先が身体のどの部分を触っても、彼らのテクノリズムにのって体が緊張してしまう韓国という身体において、かれらの呪術から抜け出しうる道はどこに存在するのだろうか。私たちの身体のどの部分を取り去れば、米国は私の中から消えたといえるのか。米国の影響力ある政策立案者ズビグニュー・ブレジンスキーが誇る「米国的なライフ・スタイルに対する曖昧かつ甚大な影響力」から、私の精神はどれだけ独立的でありえるのか。村上龍の『限りなく透明に近いブルー』に出てくる「黄色い人形」（戦後の日本の若者の精神的な被占領についての象徴）は、日本においてよりも多く韓国という「缶詰の空き缶」のなかにあふれているのではないか。

私たちの内なる米国。米国という国家の存在が私たちにとって何を意味するのか、私は一九八〇年五月「光州」の記憶から問いをはじめた。私の認識において、米国は最初現地住民の抑圧的な国家権力と同盟した外部の敵だった。ところが私自身の卑怯さと沈黙についての省察も含めて、「光州」の記憶と正面から向き合ったとき、米国はその日の光州に向かおうとしていた私たちの足を停止させた私たち自身の利己的な欲望、そのなかにも薄気味悪い姿でしゃがみこんでいた。米国は韓国（人）という身体にかかった「呪術」である。かれらの視点から見たとき、光州虐殺はまぎれもなく韓国人による韓国人殺害事件なのだった。このねばり強い帝国の呪術からどのように抜け出すのか。

この強い呪術から抜け出す道は、ひょっとすると私たち自身の「他者化された生」にまっすぐに向き合うところからはじまるのではないか。労働者が労働者を追い出し、〔中国〕延辺の「朝鮮族」女性を連れてきて低賃金で食堂の手伝いとしてこき使い、ナイトクラブで裸体のダンスを踊るロシア女性の金を後ろから奪い取り、外国人労働者には労働基本権はおろか人間としての基本的人権も保障しない私たちが、あの貪欲な帝国主義米国を倒した土地に建てる国はどんな国か。

一九八〇年の「光州」を、私の内面の記憶から遡っていく苦しい自己凝視の過程は、私を伝統的な意味における「反米主義者」となる道をあきらめさせた。帝国と戦うということは、究極的には帝国が植え付けた欲望から抜け出す道を探し出すことに他ならないと考えたからだ。私たちが「反米」を語るとき、それを米国の何かに反対するということなのか。米国という国家自体？　あるいは米国人それ自体？　あるいは米国的価値や理念？　私たちは何のために米国と戦うのか。米国を倒して私たちの扉を閉めるために？　私たち自身の「強い国家」を建てるために？　アシス・ナンディが述べたのだったか、抑圧を被った者の目指すものは、抑圧の世界において第二あるいは第三階級の市民から第一階級の市民となることではなく、自身の人間性を回復しうる希望ある代案的世界を建設することでなければならないと。ガンジーが成そうとしたのは何か。イギリス人なきイギリス式支配を願うインド人に、虎なき虎の本性を望む自らの同族に、虎を欲望するほどのものとは見えないようにさせるという唯一の道を、彼は探しえたのだろうか。「自らの土地に流配された者たち」の政治・心理学を探求していたフランツ・ファノン。彼もまた次のように言っていなかったか。「世界を自分たちだけの存在にしてしまいたいと思う人々がいる。あるドイツ哲学者がこの心理体系を「自由の病理学」と記述した。しかし私は黒人音楽を庇護するために白人音楽を批判する姿勢を取らなかった。むしろ私の仲間に白人音楽に対してもちうる健康的でない姿勢を捨てるよう促した」[☆17]。では、「黄色い皮膚、白い仮面」の私たちは、加速化する世界化によりこれまでの国民国家の位相が変化していくなかで、超国的な白人性とどのように向き合うのか。ファノンとともに、ファノンを越えて?

「光州」の経験は、韓国人に米国に対する「脱魔術化」という思惟の地平を開いてくれた。しかし米国について批判的に省察するには、米国という存在の意志と欲望により構造化された国民国家の枠を「脱神秘化」するという課題が同時に要求される。いま、「光州」の記憶だけではなく、済州島四・三抗争についての記憶、老斤里虐殺の記憶を含めた朝鮮戦争の記憶、その他にも数多くの解放後の空間(植民地後期)の記憶は、傷ついた人の記憶のなかに生き続け、私たちのなかの帝国を何度も省みさせるだろう。「前衛」の定型化された記憶ではなく、声なき記憶がようやく自らの話をはじめたとき、人間の生を蹂躙した暴力の構造が少しずつその姿を現しはじめるだろう。その暴力の構造には、私たちのなかの「ささやき声」を抑圧してきた反共主義や物神主義、勝者第一主義や速度主義などの呪術にかかった抑圧者としての私たち自身の存在も含まれているかもしれない。詩人・金勝熙《キムスンヒ》はある文章のなかで、「すべての関係はその内部に「傷ついた膝 wounded knee」を隠蔽している」と述べた。私はいま、この「傷ついた膝」の蘇生に希望をかけている。今日の韓国における「脱植民地化」の企図と実践、そのための主体形成の展望を問うならば、私はまだわからないと答えておくだろう。まだあまりに多くの事柄が私のなかに問いのままとどまっているからだ。

そろそろ私の話を終わらなければならない時間になったようだ。私はこの文章を書き始めるときに私自身に投げかけた問いを、再び投げかけてみたい。「光州」は私にとって何だったのか。しかしいま考えてみると、この質問は間違っているようだ。なぜならば実際のところ、いつも私が「光州」に対して問いを投げかけてきたのではなく、「光州」が私に問いを投げかけてきたからだ。残酷な虐殺の記憶のなかで、「光州」は私にいつも「どのように生きるべきか」を問いかける、避けえぬ問いだった。

一九八〇年代の監獄生活のいつだったか、おそらく蒸し暑い夏、私はパレスティナの作家ガッサーン・カナファーニーの小説集『太陽の男たち』を読んだ。中でもとても短い短編「ガザからの手紙」☆18。作品中の主人公が、米国にいる友人宛に書いた手紙の形式で書かれた、十頁に満たないその小説を読むたびに、私は涙を流していた。クウェイトで教師として生活していた主人公は、米国に行った友人から、こちらで生活する準備ができたから来いという手紙をもらった。主人公は母親と兄の未亡人、そして兄嫁の四人の子を養うことからくる疲れ、また異国での教師生活で感じる空虚感と退屈さから脱出したいという欲求があった。彼は最後の準備をするために故郷のガザに帰る。しかしそこで彼を待っていたのは？　彼は死んだ兄の可愛い娘、彼にとっては愛すべき姪のナディヤが怪我をしたという知らせを聞いて病院に走っていく。その子にあげようと買った赤いズボンを携えて。彼はナディヤに言った。君がはきたかった赤いパンタロンを買ってきたと。ところが布団をめくりあげたとき、彼はナディヤの脚が腿の付け根から切断された姿に気づいた。彼は赤いパンタロンとともにもっていた二ポンドのお金も出すことができず、病院から出ていく。では彼が見たのは失われた姪の脚だけだったのか。

彼は、ナディヤが、家を襲った砲撃と火炎から幼い兄弟を守ろうと、かれらの上に自らの体を覆い被せて脚を失ったという話を聞いた。病院を出た彼には、ただ立ち寄ろうとしていただけの故郷ガザが新しい意味をもって立ち現れる。彼は友人に手紙を書く。「ムスタファー、ガザは、そのとき何かも新しかった。ぼくは、それにきみも、一度としてこのようなガザを目にしたことはなかった。——ぼくたちが住んでいたシュジャイヤ地区の一画、そこに積まれた瓦礫の山には、意味があったのだ」と。そして手紙の最後にこう書いた。「ナディヤは自分を救うことができたはずだ。逃げて、脚を失わずに済んだはずだ。しかし、ナディヤはそうしなかった。なぜ?〔……〕友よ、ぼくはきみのもとへは行かない……きみこそが帰ってくるのだ、ぼくたちのもとへ……大腿部から切断されたナディヤの脚から学ぶために、生とは何かを、ここに在ることの意味を!」

そうだ。「光州」は私にとって「ナディヤの脚」のようなものだった。人間の生で何が価値あるものなのかを私にはじめて教えてくれた。私が「光州」を通じて米国を批判的に考えた理由は、その国家の利己的な利害追求が、「ナディヤの失われた脚」と深くかかわっていて、その失われた脚を隠し、さらに何があってももう誰かを助けるために自らの脚を犠牲にしてはならないと私たちに言おうとしているからだ。「もはや社会的な存在というものはない」。マーガレット・サッチャーが言ったというこのことばに、私はいわゆる新自由主義という単語のもつ恐ろしさを感ずる。社会的存在がなければ、もはや私たちが他の人を省みる理由を生の中に探し出すことができなければ、この二〇〇〇年代のある日、暴力が私たちを覆い尽くしても、私たちにとっての「光州」はもう存在しなくなってしまうからだ。一九八〇年五月二六日夜。道庁を最後まで死守し、死を待っていた市民軍の最後の会議で、市民軍の代弁人尹相元《ユンサンウォン》はこのように言ったという。――もちろん今晩私たちは敗北するでしょう。もしかすると死ぬかもしれません。でも私たち全員が銃を捨てて、このまま何の抵抗もせず、この場所を譲り渡すことは決してできません。そうするにはこの何日間の抗争はあまりに熱く壮烈でした。いまや道庁はこの闘いの終止符を打つ場所となりました。……この夜明けを過ぎると、必ず朝が来ます。私たちは最後まで戦うでしょう。私たちを忘れないでください。――しかし彼と同僚は朝を見ることはできなかった。ナディヤも自らを救うことができた。道庁の市民軍たちも。しかしかれらはそうできなかった。なぜ？

「第二章」訳注

☆1　日本語訳は、『白い服――サイゴンの女学生の物語』（高野功訳、新日本出版社、一九八〇年）

☆2　日本語訳には、『戦争の悲しみ』（井川一久訳、めるくまーる、一九九七年）と『愛は戦いの彼方へ』（大川均訳、遊タイム出版、一九九九年）の二種類があり、二人の翻訳者のあいだでは、翻訳権、翻訳に際して依拠したテクスト、さらには翻訳そのもののあり方をめぐって、一九九七年から九九年の『正論』誌上で激しい論争があった。他に参考になるものとして、平山陽洋「戦場のリアリティ？――バオ・ニン『戦争の悲しみ』をめぐって」（『未来』二〇〇一年九月号）や、来日したバオ・ニンと写真家・瀬戸正人の対談「ベトナム現代史を生きて」（『週刊読書人』二〇〇二年三月八日号）などがある。

☆3　二〇〇〇年五月一七から二〇日に、光州抗争二十周年記念イベントの一環としておこなわれた第四回「東アジア平和および人権国際会議」のこと。主題は「復活光州、南北統一と東アジアの平和」だった。

☆4　中米ニカラグアでは、キューバ革命の影響の下で一九六一年来、反ソモサ独裁闘争を闘ってきたサンディーノ主義者（サンディニスタ）が一九七九年に軍事的に勝利して、政権を掌握した。八〇年代に韓国で出版されていた『第三世界研究』誌創刊号（ハンギル社、一九八四年六月）を見ても、カトリックの「解放の神学」派の神父も参加しているニカラグア・サンディニスタ革命をはじめ、同時代の第三世界の思想・文学・社会運動への強烈な関心が見てとれる。

☆5　一九九六年三月初旬、米国国務部が駐米韓国大使館に対して、光州事件に関連した当時の駐韓米軍と国務部韓国対策班との電信記録を伝達した。三月下旬には、一九七九年から八〇年までの機密文書約三千数百頁分（うち千余頁は光州事件についての内容）をワシントン駐在の韓国特派員に一挙に公開したことで、その内容が明らかになった。しかし公開されたのは文書のすべてではなく、それも微妙な部分は削除されており、一九八九年に国務部が発表した「光州で起きた諸般の事件についての米国政府の声明書」を越えるような決定的な証拠は出てこず、関係者を失望させた。

☆6　光州抗争当時、カーター大統領の下で駐韓米国大使を務めたウィリアム・グレイスティン（William H.Gleysteen）は一九九九年、*Massive Entanglement, Marginal Influence:Carter and Korea in Crisis*（Brookings Institution Press）という回顧録を出版した。韓国ではすぐに『알려지지 않는 역사（知られざる歴史）』（中央M＆B、一九九九年一二月）として翻訳出版された。

☆7　一九四八年五月一〇日に予定されていた南朝鮮での単独選挙に反対して、四月三日に済州島の民衆が蜂起した武装闘争。鎮圧のため本土から国防警備隊が送り込まれ、右翼テロ団体も入り込むと、山間部でのパルチザン闘争が展開された。鎮圧の過程で数万人の住民が虐殺された。

☆8　一九五〇年七月二六日から二九日にかけて、忠清北道の老斤里の京釜線線路一帯で、避難民数百名を米軍の飛行機の爆撃および機銃掃射により虐殺した事件。一九九九年に米国のＡＰ通信の報道をきっかけに、米国および韓国で調査が開始され、二〇〇一年にはクリントン大統領が被害事実に対し遺憾の意を表明した。

☆9　「손님（sonnim）」は、一般的には歓迎すべきお客さまという意味で使われるが、他方、天然痘の民俗名称の一つである「손님마마（sonnim mama）」の意味もここでは重ねて使われている、作家・黄皙暎は韓国社会における社会主義とキリスト教を同時に描写するのに、このソンニムの両義性を利用している。

☆10　一九七〇年代、北朝鮮の人民軍が「南侵」のために非武装ラインの地下に掘ったとされる洞窟のこと。いくつかは観光地化されている。

☆11　韓国がＩＭＦ体制化に組み込まれた一九九七年末、内務部（後の行政自治部）は、この通貨危機を全国民的に乗り越えるという目的の下に、韓国の各家庭に「退蔵」されていた金を集めて、これを輸出して外貨を獲得しようという「金集め運動」をよびかけた。これに市民団体や宗教団体などが呼応し、家庭の箪笥にしまわれていた金を、委託販売・債券獲得・献納のいずれかの方法で集めた。韓国では満一歳のお祝い（トルジャンチ）に親戚が金の指輪を贈る習慣があるが、こうした個人の記念の品物も含めて、九八年一月から三月までの間に約五十トンの金が集まった。

☆12　大宇自動車は、二〇〇一年二月一六日、労組側との交渉を中断して、千七百五十名に及ぶ職員の整理解雇（リストラ）を通報した。これに解雇通告を受けた者も含む労組が決起して、ストライキや座り込みを決行した。一九日には富平工場に警察が導入され座り込みが強制排除されたものの、整理解雇撤回の声はおさまらず、公権力を導入した政府への批判も加わって、各地で労働者や市民による抗議運動が展開された。そうしたなか、四月一〇日に本文に出てくるような残忍な弾圧がおこなわれた。詳しくは以下のレイバーネット・ジャパンのホームページを参照。http://www.labornetjp.org/worldnews/korea/strike/200102daewoo/200104daewoo

☆13　「民族精気」（「民族正気」とも書かれる）は、日本の植民地からの解放後、「反民族行為」をした者を処罰する流れのなかで昂揚すべき民族の精神を表すことばとして使われたが、一九六七年に制定された「愛国志士事業基金法」によって公式的な用語となり、その後「独立有功者礼遇に関する法律」などでも用いられている。民族精気という精神がまずあって、それが例えば隋・唐との戦い、元の侵略への抗争、壬辰倭乱（豊臣秀吉の侵略）、三一独立運動などとして「発揚」されたとされる。

☆14　アルゼンチン生まれだが、国籍はチリの作家・評論家。初期には、コミックや児童文学を通しての文化的帝国主義の浸透を批判的に分析した仕事で知られるが、以後は文学批評、小説、戯曲など多面的に活躍している。自身は亡命していたが、ピノチェト軍事独裁時代の祖国を背景にした作品が多い。代表作に『マヌエル・センデロの最後の歌』（吉田秀太郎訳、現代企画室、一九九三年）。『わが家が火事だ』は一九九二年に英文で出版されたが、日本では未訳。（一九四二〜　）

☆15　米国の言語学者。一九六〇年代のベトナム戦争当時から、米国政府の第三世界政策を厳しく批判する言論活動を展開して現在に至る。この間の主な著書に『アメリカが本当に望んでいること』（益岡賢訳、現代企画室、一九九四年）、『アメリカの「人道的」軍事主義』（益岡賢訳、現代企画室、二〇〇二年）、『覇権か、生存か』（鈴木主税訳、集英社新書、二〇〇四年）など。（一九二八〜　）

☆16　米国の歴史家・政治学者。一九六〇年代以来反戦運動に関わる。主な著書に『民衆のアメリカ史』上中下（猿谷要監修、TBSブリタニカ、一九九三年）、『甦れ独立宣言——アメリカ理想主義の検証』（猿谷要監修、人文書院、一九九三年）など。（一九二二〜　）

☆17　日本語訳は、フランツ・ファノン『黒い皮膚・白い仮面』（海老坂武／加藤晴久訳、みすず書房、一九七〇年）。該当箇所は「結論に代えて」の一四〇頁。

☆18　一九五六年にカナファーニーがクウェイトで書いた短編小説で、小説集『悲しいオレンジの実る土地』に収められた。岡真理による翻訳と解説が『季刊　前夜』創刊号（二〇〇四年一〇月）に掲載されているので、ぜひとも合わせて参照されたい。なお文富軾は、手紙の書き手が赤いパンタロンを買って持っていったと記しているが、実際の小説では、赤いパンタロンを買ってきたというのは、ナディヤを前にして口から出たでまかせだった。ただ、訳者としては、敢えて訂正せず、著者の読んだとおりに訳出しておく。引用文については、韓国で出された翻訳が既に重訳であることに鑑み、岡真理訳に基本的にしたがった。

第三章　傷痕が語りはじめた——補償と治癒の差異について

短いはしがき——戦争と戦利品

あなたが権力を握ったらわたしを覚えていておくれ
わたしを上院議員に任命しておくれ
わたしを会計局の長官に任命しておくれ
わたしを監査院の長官に任命しておくれ

いばらの冠を想い起こして
わたしをストックホルムのチリ領事にしておくれ
わたしを鉄道局長に任命しておくれ
わたしを陸軍参謀総長に任命しておくれ

わたしはどんな任務でもいやがらないよ
不動産の管理人
図書館長
郵便局長

道路公社の社長
公園の巡視人
ニュブレ県の知事
わたしを動物園長に任命しておくれ
……
最悪なばあいでも
わたしを共同墓地の管理所長には任命しておくれ

——ニカノール・パラ[☆1]の詩「善き盗人の弁」より
(Nicanor Parra, "Discursos del buen ladrón")

ずいぶん昔からそうであるに違いないのだが、戦争が終わった後、人が決して欠かすことなく行なった二つの行為とは、死んだ者を地に埋めることと、戦利品を分けあうことだった。戦争で死んだ人たちが殉教者となって生きている英雄たちの手に贈り物を握らせるこの儀式には、当然秩序が要求されたのだが、まさにこの秩序を付与する者が、あらゆる英雄のなかの英雄である戦争の指導者だった。そうして戦争が生存の不可避な手段となって以来、人間の集団のあいだでその指導者の功績をほめたたえ記念するということは、疑う余地もないこととして受けいれられてきた。少なくとも戦争の記憶が単純に整理できた時期までは、人々の愚かさや盲目が深刻な問題を惹起することはなかった。しかし生存に必要な戦争ではなく、生存の拡大した条件をめぐる戦争へと性格が変化したときから、別言すれば、戦争が嘘を繕いはじめ、必要な嘘をつくりだす多様な手段を動員するようになったときから、一つの戦争の後ろには必ず、その戦争に対する「記憶の戦争」がつきまとうようになった。

「暗い時代の人たち」の安否を問うということ――まだ癒えぬ傷痕について

――何年も前に韓国でも上映されたことのあるロマン・ポランスキー監督の「死と処女《おとめ》」〔一九九五年〕という映画は、チリの作家であるアリエル・ドルフマンの戯曲『死と乙女』☆2を原作としている。映画の最初に「南米のある国、独裁政権がたおれた後……」という字幕が出される。作家が属していた国であるチリの経験、すなわち一九七三年九月のピノチェトによるクーデタ以降十七年間の軍政の経験と、一九九〇年三月に文民政府が公式的に立ち上がった後のいわゆる「民主主義への移行期」の経験をもとにしているということを推察するのは難しくなかった。「サンチャゴに雨が降る」〔エルヴィオ・ソト監督、一九七五年〕という、その国のもう一つの映画を想起させるかのように、チリの悲しい歴史を背景とするこの映画は、ひたすら降り続ける暴雨からはじまる。

この映画の要旨は単純すぎると言っていいほどだ。しかし抑圧の時代に傷を負った人間の魂が、どのような条件において、あるいは何によってなぐさめられ治癒されるのかを正面から扱った、決して単純ではない問題を提起する映画だ。もちろん映画のタイトル〔韓国では『シガニー・ウィーバーの真実』〕を想い起こしながら、「その答えは「真実」である」と言ってしまって、味気ない話として終えることもできる。しかしその真実というものは、社会の条件が変わったからといって簡単に見出されるものでもなく、人々が「これが真実だ」と言うときですら、それがどこまで真実たりえるのか、さらにどのような真実が人間の魂を治癒する力を持っているのかということは、それほど簡単に答えられるような問題ではない。

この映画は、一言で言えば自らが受けた苦痛から抜け出せずにいる女性の話だ。この女性は、軍部独裁時代に、大学生の身分で「地下新聞運動」をしていたが、ある日逮捕され、形容しがたいほどの残忍な拷問を受け、強姦までされることになる。しかし彼女は運動のリーダーである男性の名前を最後まで明らかにしない。後に彼女はそのリーダーと結婚し、かれらがあれほど夢見ていた「自由な国家」をむかえることになるが、だからといって彼女の負った精神の傷痕がおのずと癒えるわけではない。彼女は弁護士である夫が民政大統領の信任をうけ、過去の清算のためにつくられた「人権侵害調査委員会」の委員長職に任じられたというニュースを聞くのだが、自分がこうむった暴力の問題がそうした手続や方式によって解決しうると信じようとはしなかった。夫は、「うまくいきさえすれば、委員会を通じて多くの成果が期待できる」と言うが、彼女はすぐに反問した。「あなたの机の上に貼ってある死んだ人たちの写真をどうするの？」と。

彼女の心にも暴力が影を落としていた。それは暴力が残した「暴力への衝動」である。映画の最初、オーブンで調理したグリル・チキンをナイフとフォークで突き刺す姿は、あたかもそれを暗示しているかのように見える。文民政府が登場した後も、自宅に近づく車のライトが見えれば銃をかまえる彼女は、いまだ「不安な存在」として取り残されているのだ。そんなとき、暴雨のなか夫を助けてくれたある男性が家を訪れる。その男性は他ならぬ自分を拷問し強姦したあの男だった。「奇跡のように」その男と遭遇した彼女は、逃げられないように彼の車を崖の下に落とし、酒に酔って寝ていたその男を電源コードで縛り、銃で脅して自白させようとする。彼女は、目が覚めて当惑しながら引き止める夫に、まさにこの男こそ自分に「死の遊び」を強要したあの医者に間違いないと断言した。「わたしは体臭、声、笑い顔だけでもこいつだとわかる」。彼女は彼が乗ってきた車のなかから探し出したカセット・テープを聞く。それはシューベルトの弦楽四重奏曲「死と乙女」だ。医者であるその男は、目隠しをされて椅子に縛られている彼女に、苦痛を和らげるためだといって「死と乙女」を聞かせながら拷問し、口に汚物を入れ、しまいには彼女を強姦した。彼女は言った。「他のやつらはゴロツキだったが、こいつは医者だった」。

彼女は、その男が自分に暴力を加えた人物だという自白を得るために、彼に容赦ない扱いをした。犯人であると完全には確信できず、彼女を引き止めたりもし、一方では弁護士という身分のためにその男の弁護役を引き受けざるをえなかった夫は、彼女に過去の苦痛を忘れ自分と一緒に再スタートし、幸せな時間を過ごそうと説得しようとする。だが彼女は答えた。「幸せ？ そんなものはわたしにない。わたしはこいつを強姦したり殺したりしたいわけじゃない。わたしが望んでいるのはこいつの告白だ」。

結局、その男から自白を得るのに失敗した彼女は、彼を引っぱって崖っぷちに立たせ、銃で狙いをさだめた。そして映画が終わる頃になってはじめて、彼女はその男から自分の望んだ自白を聞くことになる。だが、なぜだろう？　その男を縛った縄を解いて、その場を立ち去る彼女には、真実を勝ちとった人の表情ではない、以前と同じような悲しみを感じたのは？

一—二　実は私がいま述べた映画「死と処女」のストーリーは、私たちにとって見慣れぬものではない。当人には申しわけないことだが、私は最初この映画を観たとき、すぐに一九八六年の「富川《プッチョン》警察署性拷問事件」の權仁淑《クオンインスク》氏を想い出した。一般の人々の羨望の対象であるソウル大学生という身分を捨て、労働の現場に飛びこんだ彼女が、一九八六年のある日、富川署に捕まり、文貴童《ムンギドン》という男にこうむった「性拷問」。監獄から出た後、彼女が記録した『ひとつの壁を越えて』〔一九八九年、コルム〕という題目の本を私が読んだのは、二度目の監獄生活をしていた一九九〇年、寒い冬の木浦《モッポ》矯導所〔刑務所〕においてだった。彼女は、その本のなかで自らがこうむった残忍な拷問を暴露する前の苦痛にみちた心情を、次のように語っている。「今後私の生《サーム》は？　このまま生きるとしたら？　父の努力で起訴猶予処分を受けて出たら？　私の生は？　今後も私が以前のように人を信じ、愛して、生きることができるだろうか。健全な生の目標を持ち、人間を信じて、夢を見ることができるだろうか。夢？　そのときはっと前夜の夢がよみがえった。文《ムン》の顔だけでも四肢がもつれてしまう夢のなかの私のぶざまな姿！　そうだ！　羞恥心と悪夢、自虐と絶望、ご飯を食べ寝て手を動かしていても、中身は何もない殻だけの生……。本当にそうなのか。文貴童の性拷問は六月七日の晩に一度だけ加えられたのではなく、私の生に数十回、数百回よみがえって犯されるのか」。

彼女が幾度も胸をつまらせながら書いていったこの文章を読みながら、私は仲間の顔を思い出した。一九八二年春、「釜山《プサン》アメリカ文化院放火事件」により釜山治安本部の対共分室調査室に連れていかれた女性の仲間は、頑丈な体躯の男性捜査官によって裸にさせられ、浴槽にさかさまに押し込められた。「おまえ、何度やった？　おまえらしょっちゅう自炊部屋のようなところに集まってグループ・セックスやったろ？」。冷たい水を浴び、怯えてパンティに漏らしたのを処理する余裕もなかった若い女学生の耳に触りながら、かれらはこうささやいた。いったい私たちの肉体と魂を踏みにじったあの狂気、あの野蛮、あの暴力はどのように説明することができるのか。さかさまにぶらさげられ、やかんから流し込まれる芥子入りの水を鼻から飲み込み、隣の部屋から漏れてくる仲間たちの呻吟を聞きながら、私の頭を何度もよぎったのは、權仁淑氏がそうであったように、「私も以前のように人を信じ、愛して、生きることができるだろうか」という問いだった。その年の冬の木浦矯導所。矯導官に連れて行かれた一般の収監者たちが、氷のなかのように冷たい水につからされながらタオルの鞭で打たれたという話が伝えられていたそのわきで、一坪の独房に無力にも閉じこめられていた私は、彼女の文章を読みながら何度も冷たい壁に頭を打ちつけていた。

一―三　その権仁淑氏はといえば、その後米国に渡って女性学を研究しているのだが、一時帰国してきた去る〔二〇〇〇年〕七月、私は職場の出版社で彼女と三回ほど会う機会があった。彼女と最初に会ったとき、彼女はかつて本に挿入された写真でみた子どもっぽい少女ではなく、三十代後半の女性知識人となっていた。この間どのように過ごしてきたのかを訊きたかったが、私はそんなごくありふれた挨拶は喉の奥にしまっておいた。彼女が米国にいるとき、締め切りが十日も残されていない状況で、あたふたと無理して原稿の依頼をしながらも、私はまともに安否を問う挨拶を口に出すこともできなかった。変わりゆく韓国社会について、何かに追われるように生きてきた私たちが共に属していた時代の人たちについて、またいろんな主題について互いに話をしたものの、私は彼女に会ったらぜひともしたかった私たちの暗い時代の傷痕についての話は、口に出せなかった。ただ一言、「僕たちが生きていた一九八〇年代について、それぞれが一度エッセイを書いてみたらどうでしょう」と、それとなく訊いてみたにとどまる。いっそのこと、『死と乙女』という戯曲をご存知ですか」という質問を投げかけてみたならば、私たちはその話を糸口として、胸の奥深くにとどめられているかもしれない、いまだ和解することのできない過去について話してみることができたかもしれない。ある社会が毀れることがなかったなら起こらなかったであろう悲劇と傷痕が、いまだにそのまま残っているかもしれないという思い、その毀れた社会のなかで一人間（集団）が他の人間に加えた致命的な傷痕が、いまにいたるまでも十分に語られてこなかったのではないかという思いは、文字通り思いにすぎないまま、ただ頭のなかでぐるぐると回っていたのだった。

ならばどうしてだろうか。私たちが血のにじむような努力によっても自らの傷痕を捨て去ったのでないならば、私はなぜそれについての話を簡単に訊くことができなかったのだろうか。彼女と約束もせずに別れた後、私はしばらくじっくりと考えてみた。そうだ。一時代の条件に起因する人間の傷痕が、その個人の努力によってはちゃんと治癒することができないのならば、私のためらいは、ともすると過去の記憶をそのままの形で現在化することのできないこの社会の条件と関連しているのかもしれない。加害者と傷痕を負った人が奇妙にも共存している現実。いや、傷痕を負った人の苦痛はある程度表面化してきているが、加害者は姿を隠すことで、その苦痛をもたらした暴力の性格がはっきりと把握されない不具化《原文ママ》された記憶。個人の苦痛に多数が顔をそむけることで生ずる責任の所在の根源的な曖昧さ、あるいは全社会的な無責任性。この多重の無責任性に包囲された、過去に対する萎縮した記憶の再生可能性。一昨年の春、韓国を訪問した『死と乙女』の作家アリエル・ドルフマンは、ある雑誌での対談で、ある社会が過去とはまったく異なる条件の社会に転換することのできないことに起因する、換言すればある社会の動力がある方向に行った後に他の方向に行くときに発生する地盤のズレが存在する社会においては、まっすぐ問題の核心に到達することが容易ではないと言った。彼の戯曲を映画化した『死と処女』の最後の場面は、まさにその点を述べようとしていたのか。

シューベルトの曲「死と乙女」が演奏されるコンサートホール。同じ座席ではなかったが、拷問と強姦に興じた医者と、彼に暴行され、彼を憎悪することになった女性が、同じ場所で、同じ時間に、同じ音楽を聞いている。以前、その音楽が拷問室に流れたとき、一人はもう一人の局部に電気棒をあてがっていた。ならば、いまその拷問をした医者は懺悔したのだろうか。そしてその女性は、ぞっとするような拷問の傷痕を治癒したのだろうか。映画は決して答えを与えてはくれない。權仁淑氏、あなたはまさにこの解釈不可能な社会で、いまだ何の答えも得られないまま、少しの間滞在して行ってしまうのかもしれない。年をとっていく私たちの肉体にときおりやってきて頭をぶつけてくる傷痕をおさえ、ときどき悪夢に驚き目を覚まして冷や汗をぬぐい、いまだ私たちの世代の傷痕を知らない子どもを一人ずつ育てながら、私たちはしばらくこの宙ぶらりんの時間をまた耐えていかなければならないだろう。だが私たちはどうして知らないだろうか。私たちが、自らの苦痛と傷痕のなかにさらに深く沈み入っていくことによって、こんどは喉をかけのぼってくる悲鳴ではなく、傷痕が自ら語るようになる方法を学んでいるということを。

記憶が閉ざされることと開かれること――過去はどのようにして自らをあらわすのか

私たちが暗い時代とそのなかで生活し活動していた人たちについて考えるとき、「既成秩序」――あるいは、当時の呼びかたに従えば、「体制」――から発し、かつそれによって広められたこうした偽装をも考慮しなければならない。……その光が、「信頼の喪失」や「見えない政府」によって、あるいは事物の本質を暴くのではなくそれを絨毯の下に押し込んでしまうことばによって、さらには古き真実を護持するという名のもとにあらゆる真実を無意味な通俗性のなかにおとしめる道徳的その他の説教によって消されるとき、暗闇は招来される。

――ハンナ・アーレント『暗い時代の人々』より

二―一　それから半月ほど後、私は『ハンギョレ』二〇〇〇年八月一〇日付で、その前日に青瓦台《チョンワデー》〔大統領官邸〕で、金大中《キムデジュン》大統領が九名の「民主化運動補償審議委員」に委嘱状を与えながら頼んだということばが載った記事を読んだ。昨年〔一九九九年〕末に国会本会議を通過した「民主化運動関連者の名誉回復及び補償等に関する法律」と「疑問死真相究明のための特別法」が、今年初めに大統領によって署名・公布されて二ヵ月もたっていない時点のことだった。そのあいだに私が住んでいる地域の洞事務所〔末端の官庁〕でも、「事前調査案内文」という文書を家に送ってきたかと思えば、最近の日刊紙の広告面には「審議委員会」名義の一次申請公告文が掲載されたりもした。「人権大統領」とよばれる人にふさわしく、金大中大統領は任期の半分を残した時点になっても、いまだ独裁政権下の遺産を整理しようとする意志を持っていたということを、それなりに示したものだと言える。彼はその日、その席で「民主化運動をした人たちは共産党、暴徒といった名で迫害、弾圧を受けた」としながら、「いま、もう一度歴史を評価し、その方々の名誉を回復し、国家が補償しようというもの」であると明らかにし、そこに付け加えて、今回の意味は「過去に国家の名において行なわれた迫害が国家の名において名誉回復されるというところにある」と定義をくだしたという。私はここまで読んで本当に胸が詰まり、それほど大きいとはいえないその囲み記事を一気に読み切ることもできなかった。「いま隠れて地下にいたり、苦痛のなかで嘆き、やりきれない思いでいたりする人たち、そんな人たちを歴史の上に引っぱり出し、正当な位相を定立するよう努力」し、「まっすぐに生きることにより、人間として決して敗北することはなく、いつか歴史と国民が真価を知り評価し尊敬するのだという一例」を示すのだという彼のことばは、明らかに「半世紀ぶりの政権交代」によって「国民の政府」が出帆した日、彼が泣きそうになりながら読んでいた記念の辞よりも、いや彼が大統領となって以来行なったどの発言よりも美しく感動的な言明だったからだ。「私もいくらか犠牲になった人として感慨無量だ」という彼のことばを待たずとも、朴正熙《パクチョンヒ》維新独裁によって、また全斗煥《チョンドゥファン》の新軍部によって死の目前まで行った自らのぎりぎりの経験なくしては不可能な、暗い時代に迫害を受けた人たちとの苦痛の共感なくしては決して持ちえない重みと真正さが、彼のことばのなかに込められていたのは明らかなことだ。

だがそんな彼の美しい「ことばのもてなし」が人々の共鳴を呼び起こせば起こすほど、それと正面から矛盾する現実との間隙がいっそう克明に対比されて浮き出てくるのもまた事実ではないだろうか。果たして彼は、自分がそのようなことばを述べたその日の同じ頃、ソウルのタプコル公園前で「いま現在」監獄に閉じこめられている息子の釈放を要求する母親たちが集まって集会を開いていたという事実を知らなかったのか。発言が記事として出されたまさにその日、警察特攻隊によって凶暴に鎮圧されたロッテホテル労組の組合員たちが、女性労働者に対する日常的なセクハラ問題で集会を開いていた写真と記事が見えなかったのか。たとえこのような事実はさしおいたとしても、何よりも彼がいま「歴史のうえに引っぱり出す」という「まっすぐに生きようと、隠れて地下にいたり、苦痛のなかで嘆いたりしている人たち」を、「国家の名」においてまさにそのような境地に追いやった張本人である朴正熙の記念館を建設するために、二百億ウォン〔約二十億円〕もの国民の税金を支援すると約束し、積極的に動くことがどれだけ浅はかな政略であり、自家撞着の誤謬を犯すことになるのかを、彼は本当に知らないのか。「国民の政府」が何かにつけて語るように、そうしたことはすべて少数政権の限界としてのみ理解できるのだろうか。でなければ、ひょっとして彼が述べる「名誉回復」と「補償」は、いまこの問題と関連した多くの人たちが考えているものとは異なる性格と目的を持っているのか。果たしてそんなものだったのか。

二—二　とんでもない言いがかりと思われるかもしれないが、私は金大中政府が登場した瞬間から、なぜこの政府が自らを「国民の政府」と命名したがったのかをよく理解できずにいた。半世紀ぶりの政権交代があたえる「国民的」感動を記憶し、「国民のための」政府をつくるという意志を込めたかったのだろうか。あるいは執権した当時に所属していた党名が「新千年国民会議」だったので、党名をそこに反映させようとしたのだろうか。であるならば、蔣介石の国民党政府のように「国民会議政府」とでも呼べばよかったのではないか。もちろんこれは一つの「エピソード」とみなすこともできる。政党名を変えることが、汝矣《ヨイド》島付近の食堂の名前を変えるのよりも頻繁に行なわれる国で、政府の名前が「新千年政府」となろうが何になろうが、それは誰も知りようのないことでもある。

しかし、いかなる場合においても、どのような善意の意志があったとしても、執権期間が憲法に明記された一時的な政府が自らを「国民の政府」と呼ぶことは、とても危険な結果を招くことになる。

当然のことながら、集合名詞としての「国民」という概念は、統合の機能を果たす一方で排除の役割も担当する。国民は、最初から「非国民」を前提としている。万が一これが政府とその構成員間の政治的葛藤の問題に適用されたならば、どのような状況が生まれうるだろうか。恣意的な修辞として「国民」を専有した特定権力は、自らに反対したり、自らと葛藤を引き起こしたりするような個人や集団を、仮に暫定的であるにしても、「非国民」あるいは「教化されなければならない国民」とみなそうという誘惑に駆られるだろう。また自らの政府がもつ相対的な民主性を根拠として絶対的な正統性を主張する場合、現在も進行している、いや進行しなければならない民主主義のための闘いを、極めて便宜的な方式によって不法行為とみなし抑圧することができる。一方では民主化運動をした人たちに不当な迫害をこうむったとして名誉回復させ補償すると言っておきながら、他方ではいまでも監獄にいる人たちに「遵法誓約書」を書かなければ釈放することはできないとして暫定的な犯罪者として放置するという矛盾した態度は、まさにこうしたところから生じているのではないだろうか。

「非国民の領土」……。昨年冬、汝矣島の国会議事堂を出て、バスの停留所で待っているあいだ、私はこの国の悲しい「非国民の領土」が、向かい側の曲がり角で、雪と風にさらされながらテントのなかに縮こまっているのを見た。そこに行けば間違いなく見慣れた顔があるだろう。だが私はとうてい道を渡っていく勇気がなかった。暗い時代が残した耐え難い人間的な苦痛の深淵を、それぞれが抱え込みながら生きているあの人たちのいる場所に、ひょっこり訪ねていくというのは容易なことでなかった。果たして何年目だろうか。独裁権力に対抗して数十年にわたって幾度もの民主主義の「戦争」を遂行した結果として、それなりに達成された政権交代以降も、かれらは国家によって子どもがこうむった無惨な死の真相を明らかにする機会を得ることができず、あそこで二年近くもああして「捨てられた国民」として佇んでいるのだ。もう忘れてしまっているかもしれないが、大統領までが前に立って大きな歴史的な意味を付与した二つの法案を国会で通過させるのには、まさにこのような子どもを失った父母たちの四百二十一日間のテント籠城[☆3]があった。そうした意味においても「国民の政府」は、自らの治績となるこの法案の施行者たる以前に、既に受恵者なのだ。もちろん私は、過去の独裁権力の犠牲者問題に対して公式的に接近した二法案が国会を通過したのには、明らかに大統領の意志も作用しただろうと考える。「(私が)大統領となってはじめて、このようなやりきれなさをやわらげうる機会を持つことになった」という金大中大統領の個人的な所懐は、そうした意味でも単純な自画自賛ではないだろう。だが私は、彼が自らについて話す前に、暗い時代にかけがえのない子どもを奪われた父母が耐え抜いてきた苦痛について、そしてかれらの困難な闘いについて、どのような感謝の意を表すのかが気になった。なぜならばそれは単純に儀礼的な敬意の表明であることを越えて、彼に代表される「国民の政府」の、過去に接近する態度を見極める尺度となりうるからだ。

私はいま、ある歴史的な成果に対してどの集団の功績がより大きいのかを明らかにしようと言いたいのでは決してない。私が言いたいのは、過去を明らかにして今日の基礎としようというこの記憶の過程を、誰も独占したり私有化したりしてはならないということだ。ある個人の政治的な受難が一時代を象徴するほど大きなものだったとしても、その記憶は、その時代が強要した苦痛のなかにおかれていた数多くの人たちの記憶の一つであるにすぎない。だが今日、その象徴的な個人が権力の頂点に到達したとき、状況は変化しうる。仮に彼が自らの経験を根拠とし、ある政治的な規範をつくり、それを過去に対する記憶の規準としようとしたならば、どのようなことが起きるだろうか。

例えば、まず韓国社会でいま通用する「民主化運動」という範疇を設定する際に、権力の利害と民衆の利害は大きな差異を示しうる。最近、政府の一部で民主化運動の犠牲者に対する補償対象から、国家保安法の違反者は除外するという発言が出てきているという。口では「共産党」として追われ迫害された人たちの名誉回復を云々しながら、まさにその法によって処罰された人たちを除外してもよいと考えるという、このあきれんばかりの論理矛盾は一体何だろうか。だとすれば、自らは国家保安法の不可避性を主張する冷戦守旧集団とは異なると主張し、これまでその法の改正を推進してきたのは偽善にすぎなかったのだろうか。

悪い権力は、人々を「約束の森」に閉じこめる。かれらは約束する瞬間に、すでに背反を準備している。約束を解釈し順序を定める権限は、ただかれらにのみある。かれらは約束の不履行を問いただす人たちに、われわれはあれこれの約束をした、いまはそのなかでその約束よりももっと重要な約束がある、と言う。のみならず権力は、民衆があらゆる人を赦す権限を与えてもいないのに、誰にでも赦しを約束する。今日、民主主義勢力の法統を継承したという「国民の政府」が示す形態がまさにこのようではないか。果たしてかれらは、自分たちの正義を部分的なものではなく絶対のものと考えているのか。正義の一部を保有する権力によって恣意的に解釈され傷ついた過去の記憶は、まったく正義のない権力によって破壊された記憶よりも危険だ。かれらによって開かれた過去の記憶は、そのなかに含まれない人たちの記憶を、より遠い過去のなかに疎外した後に門戸を閉ざしてしまう。そしてかろうじて国家によって公式化された記憶もまた、その本性である記憶の連帯性を失って化石化する。それゆえ暗い時代の傷痕を保持する人たちは、権力がつくった約束の扉の前で一列に並び、その扉が開くのを待っているだけではいけない。権力の恣意による記憶の独占を民衆が容認するとき、私たちがあそこまで離別を願っていた暗い時代は、まさに私たちの襟首を釣り上げているのだ。ハンナ・アーレントのことばどおり、「真実を護持するという名のもとにあらゆる真実を無意味な通俗性のなかにおとしめる道徳的その他の説教によって」記憶の光が消えるとき、再び暗がりは近寄ってくるのである。

二―三　しかし、過ぎ去った時代の歴史に対する記憶をさまたげるのは、特定の政権による恣意的な介入だけなのだろうか。それは自らが歴史の正義のための闘争に無限に献身してきたと信ずる個人や集団によっても、いくらでも行なわれうる現象だ。歴史的な規範としては民衆的な価値を擁護しながらも、歴史的な実践の成果に対しては自らの排他的な権利を要求する集団によって、過去の記憶が毀損されてきた事例はまったくめずらしくない。過去の民族解放や社会主義革命に成功した国で、民衆の偶像だった者が、歴史を民衆の歴史ではなく、「偶像の歴史」に変質させた事例を思い起こすことは、それほど難しいことではないだろう。かれらにとって重要な歴史は勝利した者の歴史であって、敗北者の歴史ではなかった。かれらの歴史に必要な民衆もまたかれらの標榜する理念に忠実で献身的に闘争した民衆であって、懐疑する者や落伍した者や敗北した者としての民衆ではない。歴史のなかで民衆は神秘化されたが、かれらの個人的な苦痛や悔恨、悲しみや傷痕のようなものなど吐露する場はどこにもない。その理由は、かれらがつくろうとする社会のために、民衆はいまだ動員されなければならない対象だからであり、かれらが標準と認める民衆の隠れた英雄にも身体障害者、精神病患者、子ども、老弱者、女性などが属する可能性はたいへん少ないか、そもそもない。もちろん政権交代以降の韓国社会をそのような諸社会と比較するのは少なからぬ無理がともなうだろう。この社会は革命や蜂起によって急激な権力交替を経験しているのでもなく、独裁政権に立ち向かった民主化勢力が新たな権力の大部分を形成しているのでもない。古い冷戦守旧既得権勢力と、制度圏の野党勢力と、民主化運動勢力の一部が同居している今日、韓国の国家権力が構成する歴史理解の枠組といえば、せいぜい「近代化勢力と民主化勢力の連合」による民族統合と再跳躍という、混同を内包した網羅主義があるにすぎない。ところがこの網羅主義のなかにも、前述の「革命国家」における一元化された歴史叙述を規定している勝利主義が、より通俗的な姿で存在している。敢えて比較すれば、前者が英雄主義を基礎とした粗悪な「偶像の神話」だとすれば、後者は投機主義を根本においた資本主義市場の「成功の神話」に近い。民主主義闘争の象徴的な苦難の神話を越えて成功の神話を勝ちとった瞬間から、勝利主義は道徳的な批判の対象から抜け出したという性急な錯覚をともなうことになる。もはや苦しみや挫折は美徳ではなく、個人的な無能や自虐とみなされる。

このような社会の心理的な素地の変化の前で、かつて民主主義闘争の一員だった人たちの間では心理的な動揺が生ずる。過去に自らが留保していた理想が見込みのない希望であると判断を下した一部の人たちは、いつからか過去と現在の断絶と、そのあいだに発生した変化の意味を強調しはじめた。かれらはおおよそ自らが属していた集団や社会の大衆的な喝采に慣れた、いわば運動の名望家なのだが、かれらはその大衆の視線が苦しみよりも成功の方に向かう瞬間から焦燥しはじめる。実のところかれらの人数は、名望によって誇張された象徴効果を取り去ればそれほど多くはない。かれらを除く人たちにとって、今日の現実は多少安堵するものでもあれば、困惑するものでもあり、また失望に満ちたものでもある。かれらは漠然とではあるが今日が社会的発展の終着点ではないということを感じており、より良い社会的な変化を成し遂げられないのは、闘争の主体だった自らにも責任があると考える。かれらのなかでより強く自らを省察しようとする人たちは、自分が、『ミニマ・モラリア』という著書でアドルノが述べた「歴史から見切りをつけられた古い個我」だという事実を否認しようとしない。そうした人たちを本当に驚愕させ憤怒させるのは、一部の運動圏の名望家が自己反省を欠いたまま、自分の属していた過去の歴史を粗雑で通俗的なプチ英雄主義者のたまり場にしてしまうときだ。いわゆる「三八六世代」を構成している、過去に「全大協」〔全国大学生代表者協議会〕に所属していた学生会長たちが集まってつくった『全大協、不敗の神話』のような本が代表的な例だが、その粗悪で浅はかな勝利主義こそが、韓国の学生運動が経験した満足感と挫折、熱情と傷痕、矜持と絶望の経験を、自らの華麗な経歴のために、ただ恥ずかしいものとして隠すという卑劣さを示しているからだ。かれらは、成功の神話に入る扉の前でも順序と位階を定める。いわゆる一流大学の学生会長出身者は国会議員の公認を受け、二流ないし地方大学の学生会長出身者はかれらの補佐官として位置づけられる現実を、かれらはとても自然に受けいれる。そんなかれらのなかで、一九八〇年代の学生運動の象徴だったある名門大の学生会長出身の新人政治家が、さる四月の総選挙で落選した挨拶をしに訪問した青瓦台で、大統領に拝跪《クンジョル》の礼をささげたといって、驚くほどのことはない。

だが一九八〇年代を記憶する私たちは、なぜその姿を見て侮辱と絶望を感じざるをえないのか。かれらが単純に私たちの近くで苦しめられながら生きてきた人たちだからか。違う。かれらが勲章のように首からぶらさげている一九八〇年代の象徴のなかに投影された私たちの矜持と傷痕の記憶、そして私たちの心の片隅にとどまっている、かぼそく痛々しい光を発する希望が、一緒くたにゴミ箱に投げ込まれたような感覚を持ってしまうからだ。どんなかたちであれ、歴史の発展に寄与した者が社会的に成就しようとするのは、それ自体非難されるべき理由はない。かれらが歴史の補償ではなく、政治的な褒賞を求めるからといって、かれらに批判の視線を注ぐ理由もない。いわゆる「進歩的」な月刊誌までが、かれらを称して「二十一世紀韓国の希望、三八六」と呼ばなかったか。まさにこの点だ。私が過ぎ去った時代の民主化運動の犠牲者に対する名誉回復と補償の問題を検討しようというこの文章でかれらを論じるのは、私たちの過ぎ去った過去に対する記憶が、そうした誇張された希望の言語によって汚されてしまっていると判断されるからだ。そのような「物象化」された記憶こそが、過ぎ去った時代の経験のもつ核心に接近する作業をさまたげるのだ。

一時期、「歴史の機関車」を自認していたかれらは、過去の歴史を自らとは別のふうに記憶している人たちに次のように述べる。「傍観者的な批判ばかりしないで、走る汽車に飛び乗れ」。なんとまぁしかし自らが乗った汽車が動かないのは、民衆が後ろから押そうとしないからだと言う。私はかれらが乗った汽車に、過去の暗い歴史が残した人間の苦痛と悲しみ、死と挫折を記憶する傷ついた魂たちが痛む腰を休める座席が設けられていないだろうと考える。ただかれらには、過去に名前くらいは一度聞いたことがあるだろうチリの詩人、パブロ・ネルーダの「問いの書」("El libro de las preguntas")という題目の詩を読んであげたい。

おしえてくれ、薔薇は裸になっているのか、それともそんな服を着ているだけなのか?
なぜ木々は根の壮麗な光を隠すのか?

誰が罪を犯した車の悔恨を聞いてくれるのか？
雨のふるなか動けぬ汽車よりも、この世に悲しいものはあるのか？

もうちょっと時間を耐えるということ——犠牲と傷痕、その補償と治癒の諸前提

亡命者の過去の生活が抹殺されるのは周知の通りだ。かつては逮捕状がそうした扱いだったものだが、今日では精神的な経験が新しい国では通用しないまったく異質なものとみなされるのである。物化されないもの、数量化できないものが脱落するばかりでなく、つねに記憶や想念としてのみ生き続け、なまの形では現実化できない生、つまり物化と正反対の性質をもつものまでが物化されるのである。そうした領域のために、当局は特別の項目を考え出した。それは「背後関係」と名づけられ、性や年齢や職業などを書き込む質問用紙の別欄のような体裁となっている。陵辱された生は、束になった統計家たちの威勢のいい車に引き廻されるという新たな屈辱にまみれるのであり、過去でさえ、それを想起しつつもう一度忘却の淵に投げ込む現在を前にして、安泰とはいえない状況になってきているのである。

——T・W・アドルノ『ミニマ・モラリア』より

三―一　暴圧の時代に死んだり閉じこめられたり傷ついたり侮辱されたり捨てられたりした人たちの名誉は、どのように回復され、かれらの犠牲は何によって補償されうるのか。国家権力の暴力によって死んだ人たちが国家有功者となって国立墓地に埋められれば、死んだ霊魂たちはなぐさめられるのだろうか。光州抗争二十周年にあたる去る五月のあいだ中、私がいだいていた疑問とはまさにこの点だった。果たして、金大中大統領の宣言にあるように「国家の名において行なわれた迫害」によって死んだり病気になったりした人たちは、「国家の名において名誉」を回復しうるのだろうか。光州《クワンジュ》の望月洞《マンウォルトン》墓地を国立墓地として昇格させ、犠牲者を国家有功者として認定してほしいという要求は、まさに光州抗争に関与した人たちや関連団体から出てきたものだ。私はかれらに本気で問いたくなった。望月洞は、ただ民主化の犠牲者のための墓地ではだめなのか。あの抗争で死んだり傷ついたりした人たちは、ただファシズムによって犠牲となった民主市民ではだめなのか。歴史の犠牲者に対する補償の形式、規準と内容は、実際のところ、国家が生き残った人たちを再び国民として包摂し、管理する一方式となりうる。そこまでして光州抗争は国家の公式的な記憶とならなければならないのか。光州は国家暴力を常に想起する、市民の公共的な記憶として残しておいてはだめなのか。

国家主導の近代化を抑圧的な方式で推進した朴正熙維新独裁、それがもたらした社会的葛藤を光州というスケープゴートを通じて暴力的に解決しようとした新軍部の登場が、私たちの記憶する一九八〇年代の幕開けだった。その後、今日まで光州と関連したあらゆる闘争は、血塗られた光州抗争の真実を明らかにする闘争であり、光州市民をスケープゴートにしえた韓国社会の葛藤と暴力の構造を解明しようという努力だった。私が信じるところによれば、韓国の国家権力は社会的な葛藤の原因提供者であり、その葛藤の解決をいつも社会構成員の一部の犠牲を通じて解決しようとする暴力の執行者だった。ところがいま自ら「暴力なき国家」を自認する「国民の政府」が、積極的に光州を記念し物質的に補償した。これによって一時代のスケープゴートだった光州の死は、その無念さを捨て去って聖なるものとなったのだろうか。あるいは、フランスの思想家ルネ・ジラールが明らかにしたように「聖化」は暴力を隠すための祭儀の形式にすぎないのか。私たちもまたこれに賛同することによって沈黙のうちに共犯者となるのではないか。

このような疑問とともに、私は私たちの時代が留保している巨大な嘘をもう一つ目撃した。それは一九八〇年五月に光州で死んだ光州市民も、新軍部の命令に従いかれらに発砲した空挺部隊員も、全員歴史の被害者だということばだった。人間に向かって引き金を引いた行為による罪責感を持ち、胸に深く傷をいだきながら生きることになった空挺部隊員がいるとすれば、それは確かに暴圧の歴史がつくりだしたまた別の被害者ではありうる。しかし国家の命令ならば無条件に従わなければならず、そういうときにはそれは個人の責任ではないと弁明する人間の心性が、何の手続きもなく赦されることが真に妥当なのだろうか。発砲を指示した最高責任者が権力の座を追われたとき、彼を法廷に立たせて処罰することによって、もはや私たちは歴史の悲劇が繰り返されることはないだろうと、自信をもって言うことができるだろうか。ここには、悲劇を前にして目をそらした私たちの沈黙をこっそりとその中に埋没させてしまう無意識が隠れているのではないか。和解という名の集団的な無責任構造？　新軍部の命令に従って発砲したあらゆる兵士を処罰しなければならないと主張するのではない。だが、最小限、現場で発砲を命令した下級将校を法廷に立たせる過程を通じて、国家の命令であってもそれが不当なものであれば拒否することができなければならないという教訓を、私たちは得なければならなかったのではなかろうか。国家を拒否しうる自律的な個人の出現に対する希望なくして、私たちは果たして暴力なき世界を夢見ることができるのだろうか。アドルノのことばにあるように、普遍的な不当さを抽象的に考えた瞬間、あらゆる具体的な責任は消えてしまうことになる。具体的な真実と具体的な責任の糾明、これはただ光州の悲劇だけでなく、過ぎ去った時代の歴史の悲劇が治癒される前提となるだろう。

三―二　私たちのなかには、どのような慰めや弁明、そして補償によっても治癒する希望を持ちえない傷を負った人たちが存在する。魂の奥深くに打ち込まれ、その生からとうてい取り除くことのできない傷痕に対して、私たちはどのようなことばをかけることができるのだろうか。先日行なわれた五月抗争二十周年行事に参加した、ある日本人の友人が聞かせてくれたことばを、私はなかなか忘れられない。光州抗争記念期間中のある日に行なわれた行事では、いわゆる長期囚の老人たち〔政治的な非転向のため長期的に収監された後、特赦で出所した人たち）が日本軍慰安婦のおばあさん《ハルモニ》たちとともに壇上に招待され、座っていたという。司会者がマイクをまず長期囚の老人に渡したとき、かれらはまだ自らが耐え抜いてきた歳月と残酷で熾烈な闘いについて話すことができた。ところが、いざそのマイクがかれらから慰安婦のおばあさんに向けられたときが問題だった。かれらは果たしてどのようなことばをかけることができたか。日本人の蛮行と無責任に直面して長い歳月を闘ったことでしょうと、かろうじて言う以外にどんなことばを述べることができるか。苦難と闘争は栄光であり誇りとなりうる。しかし傷痕はちがう。相反する二類型の人たちが同じ壇上に立つことができるという考えは、一体どうして可能なのか。私たちがある社会を美しい社会であると述べるとき、そこには必ず人間のもつ傷痕の深さに対する配慮と尊重が存在しなければならないのではないだろうか。

私はその日本人の友人のことばを伝え聞きながら、頭のなかである人の名前を重苦しさとともに想い出した。李乙鎬《イウロ》……。学生の頃から天才だと評判で、一九八〇年代の初めに新軍部独裁の暗鬱な地盤を穿って登場した、青年運動に卓越した変革理論を提示した人。そんな彼は、ある日「南營洞《ナミョンドン》」〔ソウル龍山区《ヨンサン》にあり、対共分室が置かれた場所として悪名が高い〕に連行され、残忍で侮辱的な拷問を受けた末に、精神に致命的な傷を負い、精神分裂症をわずらうことになった。監獄から釈放された後も何度も精神病院に閉じこめられた彼に私がはじめて会ったのは、一九九四年頃、大田《テジョン》で開かれた在野活動家たちの修練会においてだった。彼はやせこけた顔に長い髭をたくわえ、黒縁の眼鏡をしていた。人々がテーブルにぐるりと輪になって座り、彼は機会を見て古くからの同志たちに向かって熱弁をふるいはじめた。私の記憶では、それは変化した時代に変革運動をどのように再定立するのかに対する自らの見解を表明するものだった。座ったまま話をしはじめた彼は、すぐに熱情をこらえきれなくなったかのようにすっくと立ち上がり、叫ぶようにことばを続けた。

　私は彼のことばを聞きながら、集まった人たちの顔を見回した。安易に彼に気の毒な視線を送ることもできず、だからといって哀れな友人の理解し難い話に笑いながら相槌を打つこともできない、どっちつかずの悲しい表情。同じ席に座った昔の同志たちが早くから捨て去っていた一九八〇年代の変革理論を、精神病院の白い壁の上に何度も何度も書いたり消したりしながら発展させ、情熱的に発表した彼の魂はいまどこに落ち着いているのか。それだけだろうか。光州抗争が終わって十数年たっても、会った人たちに「いま道庁の状況はどうなっているのか」〔光州抗争の市民軍は全羅南道《チョムラナムド》庁を最後の砦とした〕と聞いた市民軍出身のキム・ヨンチョルをはじめとして、今も毀れてぼろぼろになった魂と肉体をまともに治癒されていない人たちの名前を、ここに一々記録することは不可能だろう。いま幸いにも生き残った私たちは、名誉回復と補償のはじまりを目撃することになったのだが、私たちの歴史のもっとも暗い時間を証言しなければならないかれらは、傷ついた精神を引きつれてどこを彷徨っているのだろうか。

三―三　暗い歴史がもたらした犠牲に対して、当然補償を受けなければならない人たちは、補償されるべきだ。だが、権力によって傷を負った人たちには、新たな権力を疑う時間が必要だ。いま、ある人たちは、自らが受けるべき補償の目録を作成した瞬間に、心に負うことになる傷を考えるだろう。またある人たちは、「毀れた甕《ハンガリ》」（名誉であり魂であるといえる）に対しては関心がなく、「新しい甕」の効用だけを強調する権力に疑いの念を抱きはじめるだろう。かれらは、権力とはよく見ればいつも何かを急いでいるという事実に、少しずつ気づきはじめた人たちだ。今日「国民の政府」が主導する民主化運動の犠牲者に対する名誉回復と補償の作業には、過去に対する性急な決別と恣意的な統合の意図はないのか。もしそうならば、それは過去を穏当に記憶する作業ではなく、忘却に向けた準備作業だ。過ぎ去った時代の記憶は、何らかの象徴的な個人の記憶に統合しうるような性質のものではない。闘争と苦難、犠牲と傷痕を身に生きていく人たちの経験一つ一つが、今日の歴史のなかでよみがえりながら、一つの全体を新たに構成することが、真の意味で過去に対する記憶行為だと言える。指導者の道徳ばかりをいつも強調することは、実のところ、極めて旧態依然たる全体主義権力の習性だ。重要なのは、指導者の道徳だけでなく、「人々のあいだの道徳」だ。そしてこの「人々のあいだの道徳」の核心は、個人の利己的な利害を超えた公共の利害にあり、一社会のもっとも大きな犠牲と傷痕に対する優先的な考慮を含む。この「人々のあいだの道徳」がある程度存在していない状態でなされる補償行為は、受けとった者の魂に目立たぬ傷を負わせ、この隠された傷痕は、ともするとあるかもしれない権力の不純な意図を容認する結果をもたらすだろうからだ。

ならば私たちは、いまだ公式的に表明されてはいないが、補償を暫定的に留保したり拒否しようとする人たちに視線を向ける準備をしなければならない。この人たちは、まず「光」の世界に入っていった人たちの過去に対する記憶が、自らのそれとは異なるという事実に対して問題を提起する。少しだけ注意深いまなざしをもった人ならば、私たちのあいだには回復することのできるものと、回復しえない何かが存在するという事実を知るだろう。そうしたなかで物質的な補償は、個人が甘受しなければならなかった生活上の損失を一定程度補充したり、精神的な傷痕をある程度癒したりすることはできるが、それがいくら広範囲にわたっても、あらゆることを原状回復することはできないのだ。問題は常に、計算されえないものを計算することができると信ずる物神主義《フェティシズム》から生じる。すべてのものが取引関係に統合される物神主義の世界において、何も求めない人は疑いの目で見られやすい。だがいつもそのような無差別的な統合の世界から自らを分離する人たちによって、ある社会がもつ虚偽は暴露され、それを克服していく道を発見することができるようになる。

であるならば、計算されえない傷痕は、どのように治癒することができるのだろうか。それは傷を負った者が、自らの経験した苦痛が「交換価値」として名指されることを拒否することから端緒を得るだろう。自らの経験を計算されるものに包含させないという意識的な努力は、過ぎ去った日の苦痛と抑圧が、その実、すべてのものを交換価値として規定しようとする資本主義近代権力に起因するのだという事実に対する批判的な認識を回復する一助となるだろうし、そのことを通じて、物神主義によって失うことを強要された私たち自身の「原傷」を発見することと、それを回復しようとする私たちの痛みをともなう試みを持ちこたえさせる契機となりうるだろう。

「第三章」訳注

☆1　チリの詩人、物理学者。歌手ビオレッタ・パラの長兄で、彼女の多彩な才能を早くから認め、世の中に出すための努力を惜しむことはなかった。「エル・トンネル」（世界現代詩文庫7『ラテンアメリカ詩集』所収、田村さと子訳、土曜美術社出版販売、一九八四年）のほか、ビオレッタ・パラ＝著『人生よ　ありがとう――十行詩による自伝』（水野るり子訳、現代企画室、一九八七年）にも「ビオレッタ・パラを護るために」という詩が収録されている。

☆2　日本語訳は『死と乙女』（青井陽治訳、劇書房、一九九四年）。日本ではこの作品が三度にわたって劇場公演されている。

☆3　軍事独裁政権下で死んでいった子どもをもつ親が、一九八六年に「全国民族民主遺家族協議会」（略称・遺家協）を結成した。「人権大統領」を掲げる金大中の政府が出帆して一年がたとうとしていた一九九八年一一月、遺家協は犠牲者の名誉回復と疑問死の真相解明に関する特別法の制定を要求して、国会議事堂前の路上にテントを張って籠城をはじめた。そして一九九九年一二月二八日に、「民主化運動関連者の名誉回復及び補償等に関する法律」と「疑問死真相究明のための特別法」が国会を通過したのである。その二日後、籠城は終わった。なお、この籠城の過程をつぶさに追ったドキュメンタリー映画として「たんぽぽ《ミンドゥルレ》」（演出・撮影：イ・ギョンスン、チェハ・ドンハ、制作：赤目の人《パルガンヌンサラム》、六〇分、一九九九年）がある。

第四章　誰もすまないとは言わなかった——死と犠牲に対する礼儀

沈黙という名の遺産——殺人者たち、犠牲者たち、そして観客たち

おそらくは一九五九年頃に生まれ、アウシュビッツやブーヘンヴァルトの記念施設を訪れた女性がいるとして、彼女が涙を流し、夜は悪夢にさいなまれて眠れないでいるならば、その人はおそらく犠牲者の娘だろう。一方、そのかたわらに別の女性がいて、そちらは観光客らしい好奇心であたりの光景を眺め、しまいには、ホロコーストがどれほど恐ろしく特異なことであり、統一されたヨーロッパでは反復されてはならないことなのかを行儀良くコメントして終わるようならば、その人はたぶん加害者の娘か孫だろう。

——ヴォルフガング・シュミットバウアー★1

一——一　たかだか二十年前であっても、私たちのうちのある人たちは、ごく普通の精神状態で生きていくためにも忘却という方途を会得しなければならなかった。ある日、突然いなくなり、姿が見えな

くなり、消え去った人たち。そしてその後は再び帰ることのなかった人たち。その家族はもちろん、かれらのおかれた状況から平然と首をそむけた人たちにとっても、憂鬱な時代の気分は影のように垂れこめていた。憲法をはじめとしたいかなる法も人権を保護してくれはしなかったばかりか、むしろ暴力と殺人を積極的にもちあげるという奴隷の経典に転落していた時代において、皮肉にもこの国で最初の疑問死[★2]の犠牲者は、「現職の法科大学教授」だった。二十九歳という若い年齢でケルン大学において法学博士の学位を取得し、母校であるソウル大の法科大学で正教授として学生たちを教えていた四〇代の有名な法学者・崔鍾吉《チェジョンギル》[☆1]。彼は朴正煕《パクチョンヒ》の永久執権の基盤となった、いわゆる「維新憲法」が宣布されて一年過ぎた一九七三年一〇月一六日、中央情報部に連行されて二日のうちに死んだ。死因は飛び降り自殺。だが少なくとも彼を知る人たちは、誰も彼が自殺したとは信じなかった。そしてそれから二十八年過ぎた二〇〇一年初め、『生ける者よ語れ――兄・崔鍾吉教授はかくして死せり』という題目の本が出版された。元中央情報部員だった崔鍾吉教授の弟が書いたこの本には、目をひく写

★1 ノルベルト・レベルト、シュテファン・レベルト『나치의 자식들（ナチの子どもたち）』이영희訳（사람과 사람、二〇〇一年）、一九一頁から再引用。〔Norbert Lebert & Stephan Lebert, *Denn Du traegst meinen Namen. Das schwere Erbe der prominenten Nazi Kinder*, K. Blessing, Mchn, 2000, p.165.〕

★2 「疑問死真相糾明に関する特別法（案）」第二条によれば、疑問死とは「死因が明確に自然死と確認されず、不当な公権力の行使により死亡したと疑われるだけの相当な理由がある死」をいう。

真が一枚載せられている。崔教授の亡骸が土に埋められた日、家族のほかには誰も訪ねてはこなかったもの寂しい墓の前で、彼の妻は懸命に涙をこらえ、父の死を実感することができない彼の幼い娘は、笑いながら墓の周囲を走り回りながら遊んでいた。写真はまさにその日の情景を撮ったものだった。

その後、さらに二度の軍政が続き、一九八七年六月抗争以後のいつの頃からか、「歴史の清算」とか「過去の清算」といったことばが聞かれるようになった。その過程で次第に多くの人々が、暗い時代に悪行をおかした権力者やかれらによって犠牲となった人たちに対して関心をいだくようになった。どんな人たちがどんな悪行をおかしたのか、またかれらによってどれだけ多くの人たちが犠牲となったのかについての人々の関心は、しかしそれほど持続的なものでも堅固なものでもなかった。時が流れ、悪行を非難し犠牲者たちに同情する人々までも、どんなものも確実ではない時間の境界を意識してからは、次第にそのような関心から遠ざかっていった。そして今日、抑圧の時代にそれぞれ殺す側と殺される側にいた殺人者たちと犠牲者たち、そしてかれらの家族はどのように生きているのだろうか？

過去の清算の模範とみなされがちな戦後ドイツの場合においても、かつてのナチ時代の歴史をどのように記憶しているのか、さらにその時代をどれだけ克服したのかについては、必ずしも肯定的な評価ばかりあるわけではない。ナチの時代と戦後ドイツ社会において果たして何が変わったのかと問う批判的なアプローチが、二つの時代の差異をあまりに看過している見解だとしても、「戦後ドイツ社会が「良心の呵責」という原則と決別した」としたあるドイツの心理学者の指摘は、自らが属する社会に対する透徹した反省から出てきたものだと思う。ナチ権力の頂点にいた高位職の戦犯に対する処罰にもかかわらず、大部分の戦犯や同調者は戦後も特別な処罰なく正常な家庭生活をいとなみ、子どもたちから尊敬される父親となることができた。そして戦後間もなく、ドイツは再び繁栄し、「邪悪な少数のナチ対善良なドイツ国民」という二分法によって、道徳的な罪意識から解放されたドイツ人の大部分は、深刻な心理的疾患をわずらうこともなかった。

　だが戦後ドイツ社会のこうした広範囲の沈黙の遺産にもかかわらず、たとえばアウシュビッツでガス室に入る人を選別する作業に従事した父をもつある男性は、いくらでも機会があったのに、知識人となることを拒否して食堂の調理師として暮らしてきたという。そんな話も聞こえてくるその国は、前述の法学者・崔鍾吉を含む数多くの人を死へと追いやった独裁者の娘が、ひとえに父の名前だけで政治の指導者面をすることができ、[☆2] 一九八〇年五月に一都市〔光州《クワンジュ》〕で数千名の命を蹂躙した反逆軍人の息子が、自分の父を断罪する法廷でむしろ犠牲者たちの家族の胸ぐらをつかむ[☆3]この国よりは、よほど文明化された国家なのだろう。「ナチに連累した者の子どもたちは、父が魂を支配できないよう注意しなければならない」という警句は、二十世紀末の大韓民国においては、通りに貼り付けられたいかなる無用な警告文よりもずっと拘束力のないことばである。

　一方、不義の権力によって死や苦痛をこうむらなければならなかった犠牲者やその家族の場合、圧制者たちとは異なる側面において深刻な困難さを経験しながら生きている。ユダヤ系イタリア人で、死の収容所アウシュビッツから生還したプリーモ・レーヴィという人は、『アウシュビッツは終わらない』、『今でなければいつ』[☆4]という本を出し、二十世紀の最も巨大な狂気に対する反省的な省察をうながしている。そんな彼が一九八七年、自宅のバルコニーから飛び降りて自殺した。彼の齢は六十八歳。地獄のようにむごたらしい収容所の苦痛からも生き残った彼は、なぜ黄昏の年齢になって死を選択しなければならなかったのか。ただ一つだけ明らかなことは、彼は発作的な衝動で自殺を試みたのではないという事実だ。彼は極限状態で経験した精神的な外傷を四十年間必死に耐えてきたのであり、ついに耐えることを自らやめたのだった。

治癒されることとの放置された傷痕は被害者の心をより傷つけるのだということばがある。『否定弁証法』という著書において、アドルノは、「アウシュビッツ以降に詩を書くことはできないということばは、間違っていたかもしれない。だがそれよりもより文化的ではない問い、すなわちアウシュビッツ以降も生きることができるのか、偶然にそれを免れたが、本当なら殺害されるところだった者がまともに生きることができるのかという問いは、間違ってはいない[★3]」と書いた。加害者は尊敬もされて泰然と生きていくことができるが、当の被害者は「生き残った罪責感」に悩まされなければならないという矛盾した現実。このような現代の不可思議について、ドイツの心理学者ヴォルフガング・シュミットバウアーは、私たちに次のような極めて逆説的な真実を提示してくれている。「心理学的な観点からすれば、つぎのように理解できる。つまり、加害者は自分の行為によって自己実現をしたのである。しかし、犠牲者のほうは、自己実現を望んできたとしても、またいまも望んでいるとしても、加害者の行為によってその可能性を奪われている。つまり皮肉な言い方をするなら、苦痛を与えることは、苦痛を与えられることよりも、明らかに副作用が少ないのである」[★4]。例えばこういうことだ。加害者は自らの正体が発覚して処罰を受けるかもしれないという怖れさえ解決すればよい。だがとりかえしのつかない傷痕を受けた犠牲者は、望まざるとも苦痛をこうむった過去の時間のなかに何度も引き返さなければならず(フラッシュ・バック)、さらに自らの話を聞いてくれる人が少しずつ消えていくという事実によって一層無力感が深まり、ついにはどのようにしても自らの尊厳が回復されえないという事実の前に絶望し、時には自ら命を絶ちもするということだ。

一—二　植民地時代はひとまずおき、二十世紀の半分にあたる韓国現代史の空間において「政治的に」死ぬということはいかなることだったのか。朝鮮戦争、集団虐殺と報復虐殺、左翼・右翼のテロと政

★3　T. W. アドルノ『否定弁証法』(韓国語訳、一九九九年)、四六九頁〔Theodor W. Adorno, *Negative Dialektik*, in *Gesammelte Schriften Band 6*, Suhrkamp, 1973, 355.〕。
★4　『ナチの子どもたち』、韓国語訳一九〇頁〔原文一六五頁〕から再引用。

敵暗殺、処刑と死刑、拷問と暴行致死、光州虐殺、転向工作と三清教育隊《サムチョン》☆5、集団収容所と監獄、強制徴集と緑化事業☆6、投身自殺と焼身自殺などなど、半世紀間の韓国史は殺すことと殺されること、憎悪と怨恨が反復し蓄積してきた時間だった。合法的にあるいは超法規的に、特定の時期にあるいは日常的に、権力による死が絶えることのなかった朝鮮半島は、二十世紀における地球上の「呪われた地」のなかの一つであったとしても過言ではなかろう。「ここまで多くの生き別れや死がなかったならば、韓国人の歌に込められた調子や韻律はまったく異なっていただろう」と誰かが言ったことがあったが、私が記憶するかぎり、朴正熙の維新時代と二度にわたる軍事政権のあいだをつなぐ数多くの緊急措置と戒厳令という残忍な橋を通過する過程で、抵抗勢力のあいだで歌われていた歌は、「朝の露《アッチミスル》」〔金敏基《キムミンギ》作〕をはじめとしてほとんどすべてが葬送曲だった。自然死の場合を除いた死のなかで、政治的なものとは無関係な死と権力による死の数字がどのような比率となるのかについていまだ知りうることはないが、私はある日突然消え去った人たちの死には明らかに権力が連累していたことを確信するようになった時代を生きてきた世代に属する。

だがここではっきり確認しておかなければならないことは、そのような殺しと死の時代においては殺人者と犠牲者だけが存在していたのではないということだ。そこには同時に殺人者に歓呼し支持を送っていた観客、冷笑したり感情の込もっていないまなざしで犠牲者を眺めていた観客、消極的または積極的な傍観者を自任していた観客、時おり席から飛び出て犠牲者に石を投げたり唾を吐いたりしていた観客、あるいは殺人者を呪い犠牲者を不憫に思って眺めながら涙を流していた観客がいた。過ぎ去りし時代のある日、情報機関によって逮捕され、黒塗りの車に乗せられ、地下の拷問室に連行されたことのある人は記憶しているだろう。自分を危険なところに連れて行こうとしているのに、窓の外では何ごともなかったかのように愉快な表情で通り過ぎていく人たち、そして何の微動すら感じられもしない世界を。その時、彼は一センチにも満たないガラス窓一枚が死と生との境界を分け隔てられるという事実を、身の毛もよだつような感覚とともに経験したことだろう。

「悪い人だけが悪いことをするのだという考えは大いなる誤りだ」ということばがある。毎朝子どもたちにやさしく口づけして出勤する平凡なドイツの男性は、何時間後には自らに割り当てられたユダヤ人たちをガス室に押し込み、あるいは殴って殺した。オスカー・シンドラーのような「ア・フュー・グッドメン」を除いた日常の平凡なドイツ人たちは、自らの都市でユダヤ人を追い出すのを先導し、助けを求める人の面前でドアを閉じた。だから『ナチの子どもたち』の著者の一人であるシュテファン・レベルトは、「このことについて、したければ好きなだけ否認することもできるが、事情は変わるまい、つまり十二年続いた千年王国的帝国にドイツ人たちが集団として巻き込まれていたということは、ドイツ民族の遺産となっているのである」[★5]と断言したのだ。

★5　前掲書、韓国語訳二八頁〔原文二三頁〕。

アウシュビッツへと向かう道は、無関心と入り交じった理由なき憎悪感によってその軌跡が描かれるということばがある。かならずしも過剰な命令だけが殺人をよぶのではない。些細な命令にも自らの力を必要以上に誇示し濫用する人がいる一方で、処罰の脅威を前にしても「人としてしてはならないこと」をしないために不当な命令を拒否する人もいるだろう。「暴力は当然に使用されるためのもの」であると石のごとく堅く信ずる人がいる一方で、暴力を疑う者もいる。いや、政治的暴力はかならずしも命令による暴力だけがあるのではなく、民衆の自発的な暴力もある。いわゆる「解放空間」〔一九四五年の朝鮮解放からしばらくの間の政治空間〕に続く朝鮮戦争における死のなかで、国防軍〔大韓民国の軍隊〕と人民軍〔朝鮮民主主義人民共和国の軍隊〕あるいは米軍による死のみが存在していたのではない。左と右の力関係が変わるたびに一群の民衆が押し寄せ、昨日まで顔を合わせて生きていた人たちを引きずり出して殺したという事例は、いくらでも探すことができる。一体なぜそうなったのか。どのような「呪術」が平凡な人たちの内面にある野獣性を呼び起こしたのか。有能な独裁者とは、民衆のなかにある「流血の欲望」(bloodlust)を正確に読みとり、必要なときに攻撃と沈黙を命令できる者のことだ。一九八〇年五月、いわゆる国防の義務を果たすために軍人となった若者たちは、友人の故郷であるかもしれない一都市で、友人の父母であるかもしれないし兄弟であるかもしれないその都市の市民に向かって引き金を引き、その胸に剣を突き刺し、投降してきた人の頭に棍棒を振り下ろした。かれらはなぜ人々に銃を撃ってもかまわないと考えたのか。かれらは自らの殺人行為をどのように正当化しているのか。それにもまして、虐殺の不当性が明らかになった後になっても、かれらはなぜそれが間違ったことだったと反省しないのか。韓国社会ではなぜ犠牲者がまず和解の手を差しのべても、加害者がまず反省するという例を見出しがたいのか。自らが維持してきた心理的なアイデンティティが崩れることを回避したいとか、処罰を怖れているとか、そういうことなのか。あるいは罪を罪と意識するための反省的な意識の能力自体が去勢されてしまっているせいなのか。

「罪の意識を抑圧してきた社会」★6? 敗戦後、ドイツ人は「沈黙の共謀」を通じて、ナチス時代の悪行に対する罪責感をヒトラーとその同僚に投げやった。敗戦後、日本人は、命令を下した天皇裕仁が降伏宣言をした瞬間に、特別な反省もなく平和時の国民に戻ればよいのだと考えた。『戦争と罪責』の著者である野田正彰が指摘したように、これは「富国強兵の軍国主義イデオロギーを、経済成長中心の資本主義イデオロギーに移行させたにすぎず★7」、つまるところ物質の豊かさだけを最上位の価値

★6　この表現は、日本の精神医学者・野田正彰の『戦争と罪責』(韓国語訳、キル、二〇〇〇年)〔岩波書店、一九九八年〕という本の序章の題目を借りてきたものだ〔原文では「罪の意識を抑圧してきた文化」〕。敗戦後、戦争から帰ってきた日本軍兵士とのカウンセリングの経験を通じて、集団のなかに埋没した日本人の心性構造と倫理的無責任性を分析した彼の著書は、長い分断構造のなかで軍事主義を内面化してきた私たち自身のそれを反省的にふりかえるのに有用な準拠を数多く提供してくれる。

★7　同書、一八頁〔原文九頁〕。

とみなす戦後日本社会の精神的な貧困と虚偽意識として帰結したのだ。とすれば、私たちの場合はどうなのか。私たちは、自らの過去に対してどのような態度をとってきたのか。

過去の清算や歴史の清算ということばが私たちの日常的な政治言語となってもう十年余りになる。とにもかくにも、過去の清算や歴史の清算の過程で欠かすことのできないのは、責任者の処罰と犠牲者に対する補償と名誉回復であるという事実くらいは誰もが知っている。だがここで一度改めて質問を投げかける必要がある。はたして歴史や過去というものは「清算」することができるのか。私たちが記憶する過去は、あたかも勘定書を作成して執行すれば消えてしまいうるような、そんなものなのか。過去の清算ということばは、犠牲者側から出てきたものなのか、それとも加害者や傍観者の側から出てきたものなのか。少しでも私たちが、多くの人々が経験しなければならなかった人間的な苦痛や犠牲を真摯に記憶することができたなら、何気なく用いる過去の清算ということばにも暴力がひそんでいるという事実に気づくことだろう。なぜいまだに「日本軍の慰安婦たち」なのか。なぜいまだに「疑問死した人たち」なのか。具体的な個人の死や犠牲の固有の名前と性格を付与しないまま、なぜ犠牲者たちは今もなお一般名詞の抽象性のなかに閉じこめられなければならないのか。もちろん私たちは時に新聞や放送において犠牲者たちに関する話に接し、憤怒してみせたり涙を流したりもする。しかしそうした一時的な憤怒や痙攣性の涙に、他者の苦痛や悲しみに自らを関連づける「深い感情の動き」はない。だから日本が犯した従軍慰安婦の「問題」についてははげしく憤怒しながらも、まさにその人たちの人間的な傷痕が具体的にどのようなもので、どのように生きているのかについては、奇妙なほど知らず、また知ろうともしないのだ。

「人道主義の世代は人間好きではない（人間はあまりに意表を突く）。人道主義の世代が好きなのは人間の世話をすることだ」[★8]。これはフランスの哲学者アラン・フィンケルクロートが述べたことばだ。彼は質問を投げかける。「『犠牲者』とは正確に何を指すだろうか」。そしてこのように定義する。「実は正確な定義はどこにもない。周囲から引き離され、根を引き抜かれた人間か。居場所を失い状況の埒外に追い出された人間か。自分自身を奪われ、自らの可能性を奪われ、ただ名状しがたい不幸のみを手にしている人間か」[★9]。私は彼のことばをこのように変えてみたい。韓国社会において犠牲者とは「不幸のみあって名前のない」人だ。では疑問死とは何か。それは「不当な公権力の行使によって死亡したと疑うべき相当の理由がある死」であるという定義だけでは足りない。韓国社会において疑問死とは、他ならぬ「だれも関心を持たない、やりきれない死」を意味する。この人たちは果たして自らの名前と声を再び取り戻すことができるのか。もし私たちが過去の悲劇に正面から向き合い、「傷

★8　アラン・フィンケルクロート『失われた人間性――二〇世紀についてのエッセイ』（当代、一九九七年）、一八六頁〔日本語訳『二〇世紀は人類の役に立ったのか――大量殺戮と人間性』凱風社、一九九九年、一四八頁〕。
★9　同書、一八八頁〔日本語訳一五〇頁〕。

ついた敗者」として歴史に登録されなかった人たちの記憶を一つ一つ甦らせ、さらにその犠牲者たちの苦痛に自らをつなげようという過程を省略してしまうならば、今日進行している過去の清算は、再び犠牲者たちを疎外し、また別の次元でその人たちを排除してしまうことになるだろう。

私たちのなかで過去の清算に反対するものは誰もいない。なぜなら過去の清算という一過性の政治プログラムが進行しているあいだは、過去にもそして現在においても、歴史という舞台の下での観客を自任する人たちが相も変わらず罪責感を持たずにすむから。この過程において人々は誰がどんなことをしでかしたのか、どんな人たちが犠牲者なのかということだけに関心を持つのみであって、なぜそんなことが起こったのか、どうやってそのようなことが可能だったのか、さらにそのとき他の人たち、つまり大多数の私たちはどのように反応したのかと問うてみようとしない。こうして、良心が私たちのなかで眠っていたこの十年余りの時間のなかであきあきするほど目撃してきたように、私たちは時おり過ぎ去りし時代に悪行をおかした少数の犯罪者たちが断罪される姿を観覧することになるのであり、国民の懐をはたいて犠牲となった国民に補償するという決して複雑でない算術的な工程を経てなされる、この政治的な義務のプログラムの後続作業についての消息を聞くだろう。人々は言うだろう。「野蛮の時代においては、われわれはみな被害者だった。観覧終わり」。こうして殺人者たちと犠牲者たちと無責任な観客たちの境界を消し去るこの沈黙という名の遺産は、ついに一度も記憶するということの峻厳さを目撃することのできない次の世代にひきつがれていくだろう。そうなれば誰がこの間違えた決算の時代を遡って異議を提起することができようか。今でなければいつ？

私たちはそのとき他の人たちにとって何だったのか——敵意と暴力の心性構造

長いあいだ、人類を他の大多数の動物と異なる存在にしてきたのは、いみじくも、人間がたがいに同じであることを認めあってこなかったという事実だ。

——アラン・フィンケルクロート☆7

二—一　「冬の蝉」ということばを聞いたことがあるか。この文章を読んでいるあなたは、酷寒の冬、練兵場の片隅で裸のまま針金で木に縛られた一人の人間が、夏の蝉の声を真似ながら歌を歌っている姿を想像することができるか。次の引用文は、ある日古本屋で手に入れた本に出てくる証言だ。「その日も吹雪がふく零下三十度の天気だった。一小隊で礼拝の集合があったので行ってみると、一小隊の洪《ホン》ソッカンという老人がたばこを拾って吸ったという理由で、針金でぎゅうぎゅうに縛られペンチで締められていた。洪老人は針金が締まるたびに叫び声をあげた。残酷だった。そのまま外にずるずると引っ張り出された。そんな行為をしていた奴らは一小隊の助教と、三小隊の小隊長である廉《ヨム》○○、蔡《チェ》○○だった。廉と蔡は他の小隊の仕事にも関与しているのだった。かれらにとってはそれが娯楽であるようだった。骨を砕くまでにこの二人の男を痛めつけてやりたいという思いがふつふつとわき上がってきた。しばらくすると洪老人の泣き叫ぶ声と蝉の鳴き声とが相次いで聞こえてきた。「私は冬の蝉、ミーン、うぅぅ、ミンミン、冬の蝉、ミーンミン、うぅ」。私は窓を開けて唾を吐くふりをしながら、外の光景をのぞき見た。洪老人は真っ裸となり、吹雪のなかポプラの木に吊り下げられていた。だがそんな奇妙な蝉の声はとぎれとぎれに続いた後、十分ほど過ぎたところで聞こえなくなった」。

これは一九八〇年五月の光州虐殺とならび、全斗煥新軍部の最も残忍な蛮行として記録される、いわゆる「三清教育隊」を経験した李謪《イジョク》という人が書いた『浄化作戦——三清教育隊手記』（一九八八年）という本に出てくる話だ。手記ということばが既に前提のごとく付けられているように、この話は小説のなかのフィクションではない。一九八〇年代の韓国社会を成人の記憶で回顧することのできる人であれば、このような話が実在の歴史的事実であると認めることができるだろう。いま引用したこの本には、「冬の蝉」の話だけではなく凄惨な事例が詰め込まれている。

私は「冬の蝉」の話を読みながら、崔仁碩《チェインソク》の中篇小説『歌について』を思い出した。三清教育隊を描いたこの小説には、こんな場面がでてくる。ある日、何かにつけて手当たり次第に収容者を暴行する教官が、教育場に座っていた人たちに突然歌を歌うことを「命令」した。不意の命令に、収容者たちは呆気にとられるのみだ。「歌といったって。どんな歌を歌えというのか。一体どんな歌を歌えというのか。彼がある収容者の顔を血みどろにしたのを見たのが五分前のことなのに……。いまだに鼻先で血が凝固していて、額にはもうたんこぶが青く腫れあがってきているのに、いつ他の人たちが同じ暴行の犠牲になるやもしれぬ恐怖と不安に震えているかれらに、どうやって歌を歌えというのか。どうして歌を歌えなどと命令を下すという考えが可能なのか……。それはある意味、かれらに対する暴行や虐待よりも一層身の毛のよだつ侮辱だった。あぁ、歌とは。こんな羽目におちいった人たちが歌を歌うなどという考えを、いったいどうして夢にも思うことができるというのか」。

それでは、このぞっとするような話は作家の想像力から出たものだろうか。これまで私が聞いた話からしても、それは証言にもとづいたものだろう。繰り返し述べるが、二十年前、韓国社会ではこのような惨状は無数に実在していた。そのなかで代表的なものを述べろと言われれば、私はためらいなく、一九八〇年の三清教育隊の蛮行と、それ以前に存在していた、一九七三年からの一年間に集中的に加えられた非転向思想犯に対する殺人的な転向工作をあげるだろう。もちろんある人は、私のこのような試みに端から反発するかもしれない。「いや、かれらはアカ《パルゲンイ》とごろつき《カンペ》じゃないか、国家と軍隊がちょっとやりすぎたということであって、何か間違ったことをしたわけではないのではないか」。こういった反応はやはり予想できないことではない。二十一世紀に入った今日の韓国社会にも、依然として「ごろつき（前科者）」や「アカ」のような部類として烙印を捺された人たちを「非国民」とみなす意識と社会構造は、その本質において大きく変わっていないだろうから、私のこの文章の目的は、したがって、ある惨状に対する具体的な報告書ではない。むしろ私は「そのようなことはありえることだ」という反応が何を意味しているのかを語ろうと、この文章を書いているのだ。敵意と排除の論理に基盤をおいた私たちの社会のそうした歪曲された集団心性がなかったならば、絶対に起きてはならない惨状は存在しなかったかもしれないと考えるのだ。

ではまず三清教育隊について話してみよう。三清教育隊事件は、一九八〇円五月の光州抗争に対する流血の鎮圧から三ヵ月もたっていない一九八〇年八月一三日、全斗煥《チョンドゥファン》新軍部の過渡的権力機構だった「国家保衛非常対策委員会」が「社会悪の一掃」という名分を掲げて戒厳布告令一三号を公布したことにはじまる。光州虐殺につけられた作戦名が「華麗な休暇」だったとすれば、三清教育隊につけられた名前は「浄化作戦」だった。この作戦が開始されると、戒厳当局はわずか十日のうちに三万名余りの人々を捕まえた。そして不意に検挙された人々は、現行犯でない場合であっても、警察署で作成された略式の調書だけで、ただちに全国の軍部隊ですでに準備されていたいわゆる「三清教育隊」に連行され、「純化教育」「勤労奉仕」という名の剥き出しの暴力の下、過酷な苦痛をうけ、その現場で五十四名が死に、三百九十四名が後遺症で死亡し、四名が行方不明となり、二千七百六十八名が不具《原文ママ》となった。まさにこれが三清教育隊事件だ。これは一九六一年の五・一六クーデタ以降、朴正熙がつくった「国土建設隊」を模倣したものだが、比較してみれば、暴力の規模や性格において、それは前代未聞の野蛮な暴圧だった。

「三清教育隊事件は、光州抗争の流血の鎮圧とともに新軍部が犯したもっとも野蛮な人権事例だ」。二〇〇一年八月一一日付の『ハンギョレ新聞』の社説はこのように規定したが、私はこの三清教育隊で行なわれた軍部の蛮行は、韓国社会の野蛮の構造と性格を、光州虐殺の場合よりも一層克明に示す歴史的な事例だとみている。まず光州虐殺が政治的に抵抗する一都市の市民を相手に十日という短い（?）期間に、特殊訓練をうけた鎮圧軍を投入して集中的に暴力を加えたものだとすれば、三清教育隊は、「ごろつき掃討」という名目を掲げていたものの、実際においては全国的に不特定多数の市民を相手に、一年近い長い期間、一般軍部隊のなかで持続的に日常的に加えられた暴力だという点で差異がある。それは取るに足らないイデオロギーの名分すら捨て去ってしまった剥き出しの暴力だった。ある人の現在の行為や処罰されなかった犯罪ではなく、すでに処罰されていたり、あるいはまだ犯してもいない犯罪を仮定して、自国民を対象に無差別的な攻撃を加えたという点において、野蛮な規律社会の典型を示すものだ。「関係当局は、過去に恨みがあったり自らの弱点を知っていたりする人、当局に非協力的な人、心を入れかえて働いている前科者、こういった人たちを拘束した一方で、ふだんよく知っている犯罪者にはあらかじめ情報をあたえて逃げさせたりもしたし、「職場浄化」だとして労働運動家、「言論系浄化」だとして常日頃不満をもっている新聞記者、主婦、不審尋問に抗議したとして捕まった人」などなど、こうした人たちを「社会悪」として追いやり、新たな収容所群島をつくりだしたのだった。「すべて国民は身体の自由を有する。刑の宣告によらず強制的な労役に服させられない」。「何人も逮捕拘禁されるときは法律の定めるところによって政府の審査を法院で請求する権利を有する」。このような憲法の文句は、当時の三清教育隊という奈落に落ちた人たちにとっては、本当に腐った藁くずほどの価値もないものだった。だからかれらは逃げて捕まり、殴られ死ぬこともあったし、押しピンや針を飲み込んだりしてまでもそこから抜けだそうとあがいた。

だが光州抗争の犠牲者たちが民主化運動の有功者として社会的、国家的に公認された今日の時点においても、三清教育隊の犠牲者たちはいまだに最小限の人間的な名誉すら回復させられることなく、さらにはいまだ自らがそこで犠牲となったという事実を隠す者すらいるのが実情だ。「三清教育隊、それだけは全斗煥がよくやったことだ」。今でもたまに聞くことのできるこういうことばは、一体私たちの社会のどのような側面を示しているのだろうか。一九八〇年八月一三日付の『朝鮮日報』の取材記事を見てみよう。「山のふもとに位置する練兵場は、体に染みついた悪のしこりをとろうとする汗と熱気に満ちていた。少し前まで拳で裏の路地を牛耳っていたチンピラと、恐喝で庶民を泣かせていたヤクザが頭をくりくりに刈って、電柱ほどの大きさの滅共棒をもち、脂汗を流しながら訓練を受ける姿は、記者の目に喜劇的に映ったかもしれないが、当事者はそれほどまじめではなかった」。この『朝鮮日報』の記者の目が見ているのは人間ではなかった。彼は、人間ではないただの「ごろつきという種」をみていたのだった。だからこそ彼の目には「十七歳の高校生から五十九歳の年配にいたるまで」、暑い太陽の下で電柱ほどの棒を担ぎあげ、零下の練兵場で匍匐前進をしながら裸の体が血だらけになるまで「尊敬される国民となろう!」というかけ声を叫ぶ姿が、「喜劇的に」見えるのだ。彼は飲み屋で酒瓶を持って喧嘩した罪で入所した高校生が「後悔と贖罪の涙をこぼし、友人に懺悔の手紙を書く」姿を見ながらも、「ボールペンを握る腕には骸骨の入れ墨が描かれていた」という説明を忘れない鋭利な観察力を示している。彼が「発見」した入れ墨は、その高校生がもはや人間扱いをうけずともかまわない「ごろつきという種」であることを確認する表示だった。そしてこの「ごろつきという種」は、人間社会の規律を受容して人間として生まれ変わるまでは、死ぬ自由を与えてもいけないのだった。彼は「見せしめ」としてのみ死ぬことができるのだった。だから彼は「内務班の運動器具や鏡などは自殺防止のために片づけるという細心の配慮」を、あえて褒めたたえるのだった。

だが問題は、私の記憶するところによれば、当時この記事を読んだ人の大部分が、国家が当然三清教育隊を施行することができるし、またしなければならない措置として受けとめ、共感していたという事実だ。いまでは朴正熙や全斗煥を批判する人々にとっても、いわゆる「軍事革命」以降の「国土建設隊」や全斗煥の三清教育隊は独裁者にしてはめずらしい治績として記憶しているのではあるまいか。とすれば、こうした規律社会の無条件的な受容と、それと対をなす剛愎な心性は、一体どのような社会的条件がつくりだしたのだろうか。

遡って述べれば、それは明らかに日本帝国主義がつくりだした植民地規律社会の遺制と、相手の存在否定を絶対価値として内面化してきた敵対的な分断体制を背景にしたものだ。しかし国家が強制する規律と強制と排除の価値が日常的な生活のなかに内面化されたのは、何といっても朴正熙の時代以降、上から推進されてきた盲目的な速度の近代化過程と富国強兵を目標とした動員体制構築という社会的条件においてだろう。ならば、このような全体主義的な特性をもった社会がつくりだす人間の心性の特質とはどのようなものだろうか。前に言及した本で、野田正彰は総力動員体制として日本社会の心性構造をこのように説明する。「近代化を急ぎ、富国強兵に向かって攻撃性を最大限に活用しようとした社会は、基本的に不機嫌であった。人々の気分は変調しやすく、権威的で、攻撃する対象を求めて常に易刺激《い》的であった。地位、役割、身分、性などに応じて優越感と劣等感を併せ持ち、誰に対してへりくだり、誰に対して威圧的になるか、誰に対して寛大になるか、身構えていた。優越感と劣等感、卑下と威嚇の混合は、家族、友人、近隣の関係から始まって、アジアの人々との関係にまでおよんだ」[★10]。これは無慈悲な速度で駆けていた韓国的近代化の過程において形成されていった韓国人の心性を鏡に映したかのように正確に説明してくれることばのように思われる。絶え間ない上昇の欲求と焦燥感、優越感と劣等感の交差は、自己の存在の意味を確認するために、自分よりも劣等だと信ずる存在を踏みにじるという攻撃的な衝動を生み出した。エーリッヒ・フロムはまさにこうした攻撃

★10　野田正彰、前掲書、一三頁〔原書四〜五頁〕。

性を、人間であれば誰でも備えている生物学的な適応性から出る反射的、防御的な攻撃性とは区分される、絶対的な支配を渇望する性向から導き出された破壊性と残忍性であると規定している。[★11]とすればこのような人間破壊の残忍性は、私たちが身につけようと力を注いできた近代的な教養なるものとはどのように併存することができるのだろうか。

一九三〇年代半ば、ヨーロッパのある都市のあるしゃれたレストラン。富裕で教養ある紳士淑女のグループが豪華な食卓を囲んで食事をしている。そのなかのある女性が別の人に、大げさな調子で自分が聞いた話を聞かせる。それは、田舎のある小学校で三年生の子どもに算数の勉強がどのように教えられているのかについての話だ。「精神病者を扶養するのには一日に四・五マルク、脚の悪い人が四・五マルク、癲癇の患者に三・五マルク、合わせて一日平均四マルクかかる。では、ここに患者が三十万名いたとしよう。かれらをすべて差し引いたら何マルクの節約になりますか」。これは、一九九九年にアカデミー賞の授賞式で主演男優賞をはじめ三部門の賞を獲得して話題となったロベルト・ベニーニがつくった映画『ライフ・イズ・ビューティフル』にでてくる一場面だ。映画のなかでそんな話をしながら笑っている人たちは、いわゆる「財産と教養をもつ」人たちだった。韓国でももちろんそのような生活が保障された「教養人」がいる。三清教育隊を取材した帰り道に「あの人たち(「ごろつきという種」)がまっとうに純化されたとすれば、皮肉にも一線の記者が警察で取材しなければならない仕事が相当減るだろうなと考えながら、苦笑を浮かべた」と書いた『朝鮮日報』の記者も、そのうちの一人だ。

このような（近代的）教養人が韓国社会に数多く存在する限り、三清教育隊の犠牲者たちは偶然、運悪くも連行されたのではない。それは社会的弱者を根本から排除し、正常性の原則にしたがって「非正常なもの」とみなされた人たちを他者化する、韓国的近代主義の全体主義的な属性によって犯された必然的な惨禍だった。全体主義社会がつくり出した人間の心性の特質を成すそうした破壊的な残忍性でなければ、三清教育隊において見られたような社会的な弱者に対するあそこまでの持続的な侮辱と日常的な暴力は可能でも、また容認されもしなかっただろう。ただそれが今日の私たちの社会に日常的に存在する弱者と不適応者に対する差別と制度的な排除と異なるところがあるならば、一九八〇年の全斗煥新軍部が権力掌握の政治的な作業として、そのような私たちの社会の中にある敵意と排除の心性をいっときに、集中的に作動させたというところにあるだろう。

二―二　強さと力に対する憧憬、男らしさの追求と軟弱さに対する蔑視、愛国心と盲目主義、反共主義と発展主義、勝者第一主義と順応主義、速度への崇拝と効率主義、こうしたあらゆるものを集中的

★11　エーリッヒ・フロム『破壊――人間性の解剖』（韓国語訳、一九七八年）、一〇頁（日本語訳、紀伊國屋書店、一九七五年、xiv頁）。

に、一貫して追及し、体現しているのが、何といっても韓国の軍隊だろう。「忠《チュン》・誠《ソン》」というかけ声と「軍事品を愛用しよう」というかけ声を同時に叫ぶ軍人は、あたかも自らが韓国人の愛用してやまないあらゆる価値をもっともしっかり実践しているかのようにかたく信じている。だからかれらは、虎視眈々と侵略する機会をねらっていると信ずる北朝鮮の共産主義者に対する憎悪の心に負けずおとらず、軍隊の外の社会に対しても疑いの念や敵対感をいだいている。かれらは自らが苦労しているのに、外の社会にいる人たちは安保意識も透徹していないし、「軍事品」を愛用してもいないのではないかと、常に疑念をもつ。その反面、外の社会は決して軍を疑ってはならない。「軍に対する信頼が傷つけられたら、この国はどうなるか」。少しでも軍隊に対する批判の世論が起きれば、高位の軍関係者が一様に口にしたがることばだ。

韓国社会における軍隊の神話は本当に驚くべきものがある。『浄化作戦——三清教育隊手記』の著者は、自らが軍を動員した暴力の犠牲者であるにもかかわらず、この本の序文にこう書いている。「私は軍人には罪がないと考えます。かれらに罪があるとすれば、そんな雰囲気にまで追いやるしかなかった指揮系統にあり、よりによってその時その場で服務していたという事実のためだと考えます。心の底から述べますが、われわれがいなくなることで、わが祖国がきれいで富強な統一祖国になるのであれば、千回でも死にます」。同じ文章のすぐ前で、「人を殺しても目の色一つ変えなかった助教は、誰がそのようにしたのだろうか」と問うていた彼は、なぜ軍の存在意味に対して最後まで問いを投げかけることなく、むしろ被害者である自らがとんでもない自己卑下におちいっているのだろうか。「きれいで富強な統一祖国」と三清教育隊の真実は、実際、何の関連性もないことだった。そして、そのとき兵士たちは命令以上の野獣的な暴行を自発的に、またはばかりもなく加えたのだった。それを誰よりも痛烈に経験した三清教育隊の犠牲者が、自分に殺人的な暴行を加えた兵士たちを赦し、かれらに実情の黙認を暗示する強力な暴力を持つ国家のために、「千回でも死にます」と言ってしまう現実をどのように理解すればよいのか。光州虐殺と三清教育隊を経ても、韓国社会には「軍隊の神話」が根本的に傷つけられたり、崩れたりはしていない。軍はつねに自らに下された命令を遂行してきたのであり、これは今後も同様だろう。このようにいつでも暴力の道具として動員されうる軍の存在を念頭におかずして、人権が保障される平和な社会共同体を想像することは可能なのか。

暗い歴史に対する理想的な接近は、韓国においては軍、軍隊の神話、軍事主義とぶつかることなくしては不可能なことだ。三清教育隊の犠牲者が放棄した問いは、いま再び投げかけられなければならない。人を殺しても泰然としていられる軍人は、誰が、何がそのようにさせたのだろうか。外の社会においては、一家庭の平凡な息子だったろうかれらは、なぜあそこまで容易に野獣的な暴力の道具として動員されることができたのか。韓国の軍隊という一つのシステムは、どのようにして普通の青年を殺人遂行の部品に変化させたのか。他の仕方で問いを投げかけてみよう。なぜ私たちは国家権力に対する異議を提起しながらも、軍全体を批判するということにはあまり慣れていないのだろうか。韓国社会は果たして軍や軍事主義から自由になれるのか。韓国の軍隊は軍事主義と速度主義を抜け出したところに想像することはできないのか。韓国社会において、軍は今日とは異なる形態で存在することはできないのだろうか。

「一年平均百名が自殺、精神疾患五千名」[★12]! これは韓国軍内部の暴力によって犠牲となった兵士たちの数字であり、韓国の若者が兵役義務期間内にどのような強度の暴力に適応しなければならないのかを示す値だ。さらにここに提示された自殺者の数字には、少なくない数の他殺の数も含まれている。現在、大統領直属の疑問死真相糾明委員会に陳情された疑問死推定七十七のうち、二十五名が軍で発生した疑問死だ。これは一体何を意味しているのだろうか。

ロシア人として、韓国研究をするためにこの国に滞在していた朴老子《パンノジャ》は、ある文章[★13]で、自分が韓国に足を踏み入れた瞬間から目撃した軍事主義の実情について述べたことがある。彼はまず、彼が会った韓国人が一様に「軍隊に行って死ぬような苦労してこそ「大人」になる」と述べたり、またそのように実際に信じているということに驚いた。「男性が軍隊に行って来なければ社会で成功するのが難しい」であるとか、「兵役未了者は「組織社会」でまともに適応することができない」といった類のことばを、その後もしばしば聞くことになったが、そのなかでも彼を驚愕させたのは、一タクシーの運転手の話だった。ベトナムでの実際の残酷な行為を自慢げに語った参戦軍人の話から、彼は民間人に対してなされた蛮行を一種の「作戦」や「戦略」として記憶する韓国の軍隊は、実のところ暴力団体にすぎないという確証を持つにいたる。一会社員が彼に自分の軍生活を、次のようにとても簡略に要約した。「いやというほど殴られ、その後すっきりするほど殴り、そうして組織社会の原理をしっかり会得した。もうやれと言うとおりにする術も知っているし、させる術も知っている」。彼はこのことばに込められた隠された意味も正確に解釈する。それをまた別様に解釈すれば、自分は軍隊において暴力をともなう権威主義をしっかり体得したということ、心理的な暴力（盲従の強要）と物理的な暴力に対してまったく無感覚となったということを意味することばだった。いずれにしても、彼は韓国人に対して「「神聖な国防の義務」が「神聖な盲従の学習帳」に変わっているという事実に気づき、軍隊が良心のごとき「不必要なもの」から完全に解放された「組織社会型」の人間を量産することによって、ファシスト的な国家のもっとも巨大な教育機関の役割を果たしていることを直視」しなければならないと勧める。彼が韓国の軍事主義の持つ性格と構造をそのように垣間見ることができたのは、もちろん彼自身が全体主義ソ連の軍事主義を敏感に経験した人であるという点も作用しただろう。彼が見たのは、軍内部の日常的な暴力がどのようにして韓国社会全体に存在する暴力の構造と関連を結

★12　この数値は、『ハンギョレ21』（通巻第三六八号、二〇〇一年七月二六日発行）の記事「わが息子をお守りください」にもとづいたもの。

★13　朴老子「인간성을 파괴하는 한국의 군사주의（人間性を破壊する韓国の軍事主義）」『당대비평』二〇〇〇年春号（通巻一〇号）に収録。

んでいるのかということだった。そして全体的に軍隊が志向する価値と文化によって構成される軍事主義社会がどのようなものなのかという実例を、韓国において再び確認したのだ。

「人々を幼少時から競わせ、羨望と屈辱の関門で攻撃心を高めさせ、それを組織された力に変えるメカニズム」[★14]は、軍隊以外でも韓国社会の全部門において貫徹している。そしてこのような社会においては、「集団に準拠して生きる人間の精神的な強引さ」が美徳とみなされる。『戦争と罪責』という著書で、野田正彰は、敗戦後日本の陸軍病院に後送された日本軍兵士の精神障害に対する診断と治療結果の記録をみて、軍国主義日本の心性構造についてたいへん絶望的な結論にいたる。彼がみつけだした当時の日本陸軍病院に残っていた患者記録が八千件。「カルテのうち、頭部外傷や疑問の余地のない精神分裂病などを除き、神経症圏（神経衰弱、ヒステリーなど）と心因反応と診断されたものは約二千件あった。二千カルテのうち、虐殺の罪におびえる規則が残されているものは何件か。わずか二件だった」〔第一七章〕。まさにこのどうしようもない現実から、彼は軍国主義日本がその社会の構成員をどのような過程を通じて、「傷つくことのない人間」につくりあげていくのかについて、反省的な接近を試みたのだった。

そして精神医学者である彼は、戦争に参加して中国人を殺害した経験をもつ人と対話を交わす。彼と対話をした相手は、ある程度自らの過去の行為を「反省」する人たちだった。その人たちは、彼に自分が過去の戦争で日本軍として参与し、何をしたのかについて語りながら、それは間違ったことだったと言った。そのとき、彼はかれらに問うた。「殺されている人の顔は思い出されないんですか」。大体かれらはよく思い出せないと答えた。それに対して彼はとても断固に言う。「そういう意味では、やはりモノですね」〔第六章〕。

彼が確認したのは、戦争に投入された大部分の日本軍兵士にとっては、自分たちのせいで死ななければならなかった人たちが、自分と同じ人間であることを顧みる精神的な能力を備えていなかったという事実だった。集団に埋没したかれらにとって重要なことは、自分が属している組織のなかでの序列と地位に関することだった。野戦の小隊長として人一人斬れなかったら自分はどう見られることか。上官に非難を受けないために、部下に弱点をつかまれないために、かれらは人間であるというより「野戦小隊長」の道を選択したのだ〔第七・八章〕。彼が会った人のなかには、生きている人に対する生体実験に参与した軍医もいた〔第一章〕。彼をはじめとした日本軍の軍医にとって、手術の演習の対象となった人たちはどのような存在として考えられていたのか。巨大な鋸で骨を切断し、頭部を切開して大脳皮質を摘出し、呼吸器官を切開し、睾丸を摘出して「やぁ、とったぞ」と喜ぶかれらにとって、手術台の上で厳然と呼吸をしている人は、ただの生きた手術材料でしかなかった。かれらが死んでいく者の顔を思い出せないのは、ある意味当然のことかもしれない。かれらにとって人間関係とは同僚

★14 野田正彰、前掲書、一七頁〔原書八頁〕。

との相互関係にすぎなかった。かれらは「殺される中国人とは、人間としての関係をもっていなかった」。かれらは「傷つくことのできる心」を最初から持っていなかった。だからこそ、後に自分たちの行為が間違っていたことが明らかになっても、それを論理的に説明しただけであり、本当に悲しみはしなかった。どのようなことを犯したのかについての事実を告白することは、ある意味それほど難しいことではない。だが、死にゆく人の顔を思い出せない、いや少なくともそれを思い出すために経るべき苦しい記憶の過程を回避した人は、自分自身をいたわり悲しむことはできても、本当に殺した人の不幸や苦痛については何も感じられない人だ。「そのとき私は何を感じたのか」という人間的な真実を吐露することは、他者の犠牲を自らの苦痛として感ずるという過程を通過するときにのみ可能だ。だがこれは決して避けることのできない過程だ。「殺した相手を追想によって、ひとりの人間に変える作業は、（加害者）自身を集団の一員からひとりの人間によみがえらせる道」[★15]だからだ。

では、私たちの場合はどうだろうか。韓国の軍事主義は、どのような心性構造をもった人間を量産してきたのか。寡聞なためにそうなのかもしれないが、私はいまだにベトナムで、光州で、三清教育隊で、公開的な場所で、あるいは非公開の場所で、人を殺した韓国軍兵士が自らの行為を真に悔い、死んだ者とその家族に真に懺悔したという消息をほとんど聞いたことがない。捕まえられてきた女性を性的に蹂躙したり、濡れた体に電流を流して結局は死にいたらしめた拷問捜査官が、犠牲者の家族にすまなかったということばを一言でも発したという消息も聞いたことがない。拷問と殺人と暴力が作戦となり、逆らうことのできない命令となり、戦略となり、平時の業務となってしまった社会において、反省と懺悔を期待することは端から不可能なことなのだろうか。

二―三 「この世には二種類の人間しかいない。アカ《パルゲンイ》と、そしてアカの敵。そこに中立が入る余地はない。選択だけがある」。映画『共同警備区域JSA』〔二〇〇〇年、邦題『JSA』〕において、板門店の共同警備区域で発生した銃撃事件を調査しようとやってきた中立国監督委員会所属の法務将校に、韓国軍の将星〔将軍〕が言い聞かせたことばだ。映画のなかで、彼は男らしさと反共主義で武装した韓国軍の精神を象徴する人物に見える。だが彼は仮想の人物ではない。韓国軍において共産主義者はいつも同種の人間ではなく、ただ「生物学的な種を構成する有機体」という性格だけ残した敵にほかならなかった。何年か前、東海岸に潜水艦に乗って現れ、韓国軍によって射殺された人民軍兵士たちの無惨な死体が山の裾に乱雑に散らばっている様子を見たとき、私たちがいま一度確認したことは、「アカ《パルゲンイ》」たちは私たちと同じ民族であるどころか、人間ではないという事実だった。

ところが、この「アカ狩り」は軍事主義韓国における軍人だけの領分ではなかった。「おら、このアカ野郎が頭あげとるな」。一九七〇年代初め、韓国の監獄で鉄格子に閉じこめられて二十年を過ごし、

★15 野田正彰、前掲書、一九一頁〔原書一六八頁〕。

気力を失った年老いた共産主義者たちに号令をかけ、反共主義の刃を突きつけたのは、おかしなことに、いや驚くべきことに長期刑を受けている「雑犯」たちだった。前腕に女性の裸体を刻んだ入れ墨とともに、「独奉《ドッポン》」という腕章をまいたかれらは、監房の鍵を持ち歩きながら、いつでも「赤い悪魔」たちを引きずり出し、棒で叩き、拷問をする権限を与えられていた。「国軍が命かけて守っている国をこのアカ野郎どもが売り飛ばそうってのか」。これは戦場から帰ってきたばかりの軍人ではなく、共産主義者といっても鉄の檻に閉じこめられ、何もすることのできない年老いた左翼囚しか見たことのない、同じ境遇におかれた囚人から発せられたことばだ。国軍と、監獄に閉じこめられたこの雑犯の思想とを統一させる、この恐ろしい威力の反共主義は、私たちの現代史において一体何だったのか。

一九七三年、南北間の体制競争に血眼になっていた朴正熙の指示によってはじまった、いわゆる「非転向囚」四百名余りに対して加えられた殺人的な転向工作。法務部長官を責任者とする転向工作の専門班が設置され、本格的な工作事業が開始されると、非転向思想犯は〇・七坪の部屋に十八、九名ずつ閉じこめられた。そしてその日から野球のバットをもって現れた「独奉」たちに、夜昼もなく引きずり出されて暴行を受けた。だがそれでも転向しない人たちは凶悪犯が二人入った部屋に一人ずつ入らなければならなかった。その部屋でかれらは一日中針で刺され、死ぬほど殴られた。かれらの証言を直接聞いてみよう。「冬の寒い日、裸にされ捕り縄でぎゅうぎゅうに縛られ、冷水を浴びせられた後、外に放り投げられた。冬の最中に、毛布はくれたが、セーターはくれなかった。(服はといえば)

この単衣の囚人服のみだった。例えば大きなやかん四杯の水を強制的に飲ませ、ぱんぱんになった腹をふみつけ、腹のなかにあるものを全部出させる拷問というのもあった。……そのときの拷問とテロがあまりに過酷だったため、私は絶えきれず自殺しようとした。数年間、私と同様に拷問をうけながら生活してきた人たちの大部分は、このとき転向した」[★16☆8]。このような過酷な転向工作の過程で、「級外B級」として、収容者としては最も少ない飯に依存しなければならなかった老人十一名が死に、そのうち五名の死は現在、疑問死糾明委員会に陳情され、死因が明らかになるのを待っている。

最近、MBCのドキュメンタリー番組「いまこそ話せる《イジェヌンマルハルスイッタ》」において、「転向工作と良心の自由」という番組を放送した。この番組の最初の場面には、一九九〇年代末に釈放された世界最長期囚・金《キム》善明《ソンミョン》氏が記者の質問に答える姿が映し出された。「非転向左翼犯は転向書を書かないかぎり、絶対に生きて監獄の外に出られないようにする」という権力の公言にも拘わらず、そのむごたらしい時間を耐えて出てきた彼は、泣きそうになりながらこのように述べた。「一番つらかったですよ。私の先生たちが雑犯に連れて行かれ、針で刺され、拷問を受け、戻ってきて泣いている時が」。一九七三年から一九七四年の間に集中的に加えられた殺人的な転向工作によって、非転向囚の半数が転向した。だ

★16　徐俊植『나의 주장—반사회안전법 투쟁기록（私の主張——反社会安全法闘争記録）』（形成社、一九八九年）、二〇四頁。

がそれでも最後まで転向することを拒否した人たちもいた。自らに与えられた七年の刑期を終えても、非転向を理由に一九七五年に制定されたいわゆる社会安全法を遡及適用されて保安監護処分となった後、十年間の反社会安全法闘争を起こして釈放された徐俊植《ソジュンシク》は、このように述べたことがある。「私は、私に転向を要求する人たちから、恥ずかしく野獣的な方法で苦痛をこうむればこうむるほど、かれらが無理やり変えようとする私の思想の正当性をさらに確信するほかなかった」[★17]。かれらは一様に、転向工作は一言で良心に対するレイプでありテロだったと述べた。それが目指しているのは、一人間のもつ魂の崩壊だった。「私は強い人だったから転向を拒否したのではない。ただあそこまで非人間的な暴力に屈してしまったら、一体どのように一人間として生きていけるのかが怖くて転向を拒否したのだ」。いつだったか、ある非転向長期囚が私に聞かせてくれたことばだ。「私たちの不幸な現代史の最も悲惨な犠牲者、ささやかな人間的な楽しみも喜びも知らず、鞭打たれ拷問をうけながら、監獄で年老いて死んでいった長期左翼囚たち」[★18]。それでも肉体がうけた苦痛よりも魂が負う傷を怖れ、殺人的な暴力に耐えぬいた人たちに、韓国社会が忘れ去った人間性を発見するのは、悲しくも苦痛なことだ。

一方、ドキュメンタリー「いまこそ話せる」は、人間の魂に関心のある人であれば注視すべきもう一つの人間の群像を提示したという点で、意義が小さくない。番組には、思想転向を理由に人間の魂と肉体を容赦なく蹂躙した人たちが、自分の行為を説明する姿が出てくる。現在も大韓民国法務部で保安業務部署の責任者として働いている、かつての転向工作担当者はこのように述べる。「当時の転向工作では、大学出身のエリート矯導官〔矯導所（＝刑務所）の刑務官〕を投入したから、人権蹂躙のようなことが起きたとは考えられない」。また、電話インタビューにのみ応じたもう一人の関係者は、他の人が信じようか信じまいが、このようなことばを並べたてた。「民主化教育なんだから、暴行をするわけがありますか。強制はありえませんでした。民主化教育なんだから」。ともあれ、この人の答弁に一つだけ真実はあった。「中央情報部→法務部→矯正局→各矯導所教務課→雑犯」と上意下達された転向工作事業において、血に手を染めて直接拷問を加えたのは、刑期を短縮してやるという約束に目がくらんだ雑犯だったのだから。在監者をして在監者を治めること自体が、遵法を自ら示さねばならない矯導所においてあってはあらない違法行為だということぐらいはよく知っているはずのこの「エリート」は、だから治療がなされないまま放置され胃癌で死んでいく哀れな左翼囚の手をひっつかみ、転向書に指紋を捺させるという人権蹂躙行為をするときも、凶暴な囚人の手を借りて行なったのだった。

「罪があるから犠牲となるのではなく、ユダヤ人だから犠牲とならなければならない」。これはユダヤ人に対して絶えず偏執症的な攻撃を加えたナチズムの論理を一言で要約したことばだ。ナチズムの

★17　徐俊植、前掲書、二九七頁。
★18　同書、九頁。

人種主義哲学は、基本的に適者生存の自然法則を人間社会に適用したダーウィン主義に基礎をおいたものだが、そこではユダヤ人種はそうした自然法則が適用される手間さえ惜しまれるような即刻殲滅の対象にすぎなかった。ナチズムの信者にとっては、ドイツ人のあらゆる不幸はユダヤ人に起因するものだった。――いま、自分の身動きをとれなくさせている不幸は決して偶然でも自分自身の欠点によるものでもなく、四方に触手を伸ばしている目に見えない悪党によるものだ。そして自分は今も日常的にこの悪党から邪悪なことをされている。だから罪は自分にはなく、「かのもの」にある。――この恐るべき転移！　こうした人たちの親分であるヒトラーは、まさにこの恐るべき転移にもとづいて、ユダヤ人の陰謀に対して絶えず騒ぎたてた。ユダヤ人は共謀している。この共謀が暴かれた以上、遅滞なく行動にでなければならない。これに関連して、アラン・フィンケルクロートの『失われた人間性』には、たいへん興味深い逸話が出てくる。[★19] ある日、ラウシュニングという部下がおそるおそるヒトラーに言った。「総統閣下はユダヤ人をいささか重要視しすぎではありませんか」。だがヒトラーは熱っぽい語調でこう答えた。「ちがう！　そんなことは絶対ない。敵としてのユダヤ人の規模は誇張してもしきれないほどだ」。

この世には「アカとアカの敵」だけが存在するという映画『共同警備区域ＪＳＡ』の台詞は、韓国の反共主義が特定のイデオロギーと集団に対する敵対感に基づいていることを示している。韓国で共産主義（者）は、源泉からその存在が否定されなければならない対象だった。韓国は反共を国是とする国であり、国家保安法によれば北朝鮮は国家としての実体を認めることのできない一介の反国家団体にすぎない集団だった。ヒトラーは『我が闘争』のなかでこのように叫んだ。「ユダヤ人と妥協の余地はまったくない。あるのは決断だけだ。全か無かどちらかだ。そこで私は政治を実行することにした」。[★20] 分断体制下の私たちもまた「殲滅《ムチルジャ》しよう、共産党《コンサンダン》！　ひっつかまえよう《テリョチャッチャ》、共産党《コンサンダン》！」と叫びながら、幼い頃を過ごさなければならなかった。ヒトラーのナチズムが、「ユダヤ人の陰謀」をかれらを絶滅させる根拠として提示したように、共産主義（者）に対する敵対感は、「共産主義者の陰謀」という目に見えないが極めて威嚇的な恐怖が実在しているという確信に支えられるものだった。これは共産主義というイデオロギーに対する批判だけでは不足していた。ナチズムがユダヤ主義や存在しなかったユダヤ人国家ではなく、ユダヤ人種という具体的な人間を攻撃したように、反共主義もまた人間とは区分される、したがって人間扱いされず殲滅されてもかまわない「人種」、すなわち「アカという種」に対する憎悪が要求されるのだった。ここで陰謀は、この「人種」の唯一の属性だった。「いま私の前に座っているあのアカは、普通の人間の姿をしているが、私に嘘をついているのは明らかだ」。転向工作担当者は、自分の前に座っている年老いて気力の衰えた非転向長期囚を見ながら、ずっとそ

★19　アラン・フィンケルクロート、前掲書、韓国語訳一〇二頁〔日本語訳八〇頁〕。
★20　同書、一〇三頁〔日本語八〇〜八一頁〕から再引用。

んなことを考えていただろう。「あの独房で寝ている老いぼれたアカは、寝ながらも何か陰謀をたくらんでいるかもしれない」。非転向特別舎棟の廊下を行き来する矯導官は、そんなことを思いながら視察口をのぞき込んでいただろう。ハンナ・アーレントのことばによれば、陰謀に対するこのような過剰な思いこみは、実際の現実がそのまま体験されたり適切に理解されたりすることなく、自動的に検閲され、他の意味で解釈される精神状態をつくりだす。

「猫は猫にとって常にもう一匹の猫であった。逆に、一人の人間が人間の世界から抹消されないためには、特定の過酷な条件を満たさなければならなかった。人間の特性は本来、人間としての資格を自らが属する共同体の手に後生大事に残しておくことだった」[★21]。韓国社会においては、共産主義者かそれに類似した考えをもっていると疑われた人は、一定の条件を満たさないかぎり、人間らしく生きられる資格が与えられなかった。それが確認されるまで、その人は殺されてもかまわない動物となるのだった。韓国で独裁者がおかした最も大きな犯罪は、このような歪んだ反共主義を受容することによって、私たち自身の人間性を自ら破壊するように助長したことにある。

私たちはまだ自らと和解してはならない――証言の時代のために

何という時代なのだろう、
ひとつの会話が
ほとんどひとつの犯罪に等しいとは、
それがこれほど多くの言われたことを
ともに閉じこめているからといって。

――パウル・ツェラン「一葉、木を持たず」☆9

三―一　いま私が働いている事務室の壁には、この場所に似つかわしくないポスターが一枚貼られている。それは、私がいつだったか大統領直属の疑問死真相糾明委員会☆10に立ち寄った帰りに持ってきて、

★21　アラン・フィンケルクロート、前掲書、一九頁〔日本語訳一一頁〕。

貼りつけておいたものだった。地下鉄の駅舎を歩いていて、あるいは地下鉄に貼られた数多くの広告のなかで、一、二度見たことはあったそのポスターを持ってきたくなったのは、まだ私が「過去から抜け出せていない」人だからかもしれない。

よくあるものよりも少し大きめのサイズで製作されたそのポスターは、上下の面がそれぞれ黒とベージュの色に分かれており、黒地の左側にはよく見る男性の顔がクローズアップされた写真がはめられている。映画俳優、宋康昊《ソンガンホ》。黒地に陰影がとけ込むようなかたちではめこまれた彼の顔は、あたかも暗闇のなかに隠蔽されていた真実が明らかにされなければならないと語りかけているように見える。それに合わさるように、その横には次のような文章が記されている。――いまこそ真実は明らかにされなければなりません。民主化のために闘い、疑問のなかで消えていった人たち……。隠蔽された真実はもはや個人の問題ではありません。私たち国民、私たちの未来の問題です。完全な自由と人権の保護のために、真実を明らかにしてください。今できなければ、誤った歴史は繰り返すほかありません。――そしてこのような文句とともに、ベージュ地の下面には、疑問死とされた人たち七十七名の名簿が載せられている。

その名前のなかには私が顔を思い出すことのできる人もいる。李哲揆《イチョルギュ》……。私が彼と会ったのは一九八六年のいつ頃だったか、大邱《テグ》矯導所においてだった。他の矯導所からそこに移監されてきた彼は、私がいる隣の舎棟に入ってきた。彼と私は運動の時間になれば低い塀をあいだにはさんで会っていた。その塀をはさんで二つの舎棟の政治犯が組に分かれてバレーボールをするときには、背の低い私は、壁の上にひょこひょこ現れる彼の顔を見上げていた。それから三年後、私は先に出所した彼の顔を、新聞の上で見た。

しかし、もし彼の名前を覚えていなかったならば、私は新聞に出た彼の顔が分からなかっただろう。行方不明になって七日目に光州のある水源地において変死体で発見された顔は、既に矯導所の塀の上に見えたあの少年のような顔ではなかった。貯水池の水で腫れあがって黒く変色した顔、飛び出した目、それはいっそのこと人間の顔でないといった方が正しかった。足を踏み外して溺死したという警察の発表と、それに対して提起された拭いがたい疑惑に対して、私は提示された資料以上のことを知ることはできなかった。それでも心の慰めとなりえたのは、彼がそのような残酷な姿であっても、世界に浮かびあがり何かを述べようとしているのだな、と考えたからだ。彼の名前が記されたポスターを見ながら、私はそんなことを思った。

だが、私は他方でそのポスターを見ながら、こんな質問を投げかけてみる。もしそのポスターに印刷された顔が映画俳優の宋康昊ではなく、李哲揆の顔だったら？　彼でなくとも、誰かに殺害された人の顔だったら？　そのとき、人々はそのポスターを見てどんな心情をいだくだろうか。六百万名の観客を集めた映画「共同警備区域ＪＳＡ」で主要な配役を演じた人気映画俳優、宋康昊の顔が写されたポスターは、明らかに人々にとっては馴染みの薄い疑問死問題をより身近な問題として接近させるのにはある程度成功しただろう。[☆11] 人々がそのようなかたちであっても、疑問死の問題に関心をもつことは決して悪いことではない。だが、人々がどれだけ関心をもつのかということよりも重要なのは、その問題をどのように受けとめるかということだ。

映画「共同警備区域ＪＳＡ」は、板門店の共同警備区域で起こった銃撃事件の「疑問」を推理劇の形式で解いていく映画だ。疑問死真相究委員会は、この映画のイメージを活用したかったのだ。しかし、このイメージがもたらす大衆的な喚起力は、映画のなかの事件とポスターに書かれた疑問死事件との間を不透明にするおそれもある。人々は、「ヒューマン・アクション・ブロックバスター」という別名が付けられた映画のイメージで疑問死問題を想像することになるのではないか。非武装地帯で発生した八発の銃撃事件と、国家の公権力による拷問と暴行により殺害された疑問死は明らかに別のものだ。そこには映画のなかの迫真感もスリルもない。そこには悲鳴と呻吟と絶叫のなかで死んでいった人間の凄切な苦痛だけが、残された血痕とともに存在する。

もう少し言えば、映画のストーリーと疑問死問題をその程度にも連想することのできない人たちにとって重要なのは、宋康昊がとても人気のあるスターだという事実だけだ。映画「共同警備区域ＪＳＡ」を見て、南北の分断が若者にもたらした不幸に対して少しは真摯に考えた人々は、「友《チング》」〔二〇〇一年、邦題「友へ　チング」〕という映画をみて男らしさと暴力と義理に慣れ親しんだ。このような観客のまなざしは、スターの顔の後ろにある暗闇のなかにある犠牲者の顔を決して想像できない。さらに疑問死のポスターが、まさにその疑問死を量産してきた情報機関が製作した、国民向けの「スパイおよび反国家事犯申告」のポスターと並んで貼り付けられていたなら？

「ホロコーストを平凡化する」？　殺人者の写真と犠牲者の写真が並んで貼られていても、大衆社会のなかで消費者という名前の観客となった人々は、いまそれを少しもいぶかしくは思わない。私たちは、他人の不幸な過去と特別な居心地の悪さもなく出会うことのできる方法を既に知っている。それは他人の不幸を感じず、眺めていればよいのだ。私たちはもちろんいまも歴史について語ったりもする。いや、この十年ほど歴史ということばが人々の口に数多くのぼったことはない。歴史の清算、過去の清算、日本軍慰安婦、長期囚、疑問死などなど、暗い歴史の犠牲者についての話は、新聞で、放送で、絶え間なく扱われてきたが、驚くことにそうした苦痛の物語は、それをもたらした加害者の心を少しも動かすことができなかった。

三―二　人気の少ない青松《チョンソン》矯導所付近の山麓、雑草の生い茂るみすぼらしい墓の前で、誰かの名前を呼びながら泣いている人たちがいた。その墓の主の名は朴榮斗《パクヨンドゥ》。まさにその青松教導所の地下室で一九八四年一〇月、矯導官の無慈悲な暴行によって死んだ二十九歳の青年の墓前で、二十年近くの歳月が流れるあいだ、そこを訪ねてくる肉親たちのむせび声はやむことがない。

だが、誰も覚えていてはくれなかったこの若者の死についての話が、ある日突然、人々の耳元に迫ってきたのだった。「誰も赦しを請わなかった」。これはまさに、その「朴榮斗疑問死事件」を報じた民営放送SBSのドキュメンタリー番組「それが知りたい《クゴシアルゴシッタ》」のタイトルだった。

若者を死に追いやった事件の経緯はこうだ。一九八〇年八月のある日、当時二十九歳の青年朴榮斗は友人たちと一緒に比珍島《ピジンド》へ遊びに行ったところ、不意に戒厳軍に逮捕され三清教育隊に連行された。理由はただ一つ。彼が暴力の前科を持つ人だったからだ。そこで彼は七ヵ月間むごい苦痛をこうむり、暴力に抗議した罪で再び軍法会議で十五年を宣告された。そして陸軍教導所で服役していた彼は、翌年一月、十年に減刑され、さらに一九八三年三月、青松矯導所（当時、青松第一保護監護所）に移され、一九八四年一〇月一三日、死んだ。死に至った経緯は複雑なものではなかった。その前年の一九八三年末、彼は同僚と一緒に「全斗煥政権退陣」、「監護法撤廃」、「在監者処遇改善」などの要求を掲げて断食籠城に入った。この過程で、在監者は矯導官から集団リンチを受け、これに抗議して集団騒動を起こした彼と何名かは特別舎棟に閉じこめられた。一九八四年一〇月一二日、運動時間が終わって舎棟に帰ってきた彼は、自分を戒護していた矯導官に「睾丸が痛い」と訴えた。しかし矯導所側は彼の要求を黙殺し、彼は騒ぎたてて医務課の検診を要求した。その後いくばくもたたないうちに、矯導官何名かが入ってきて、医務課に連れて行ってやると言って彼を連れ出した。しかし彼が連れて行かれたところは医務課ではなく、地下の調査室。彼はそこで手錠をかけられ、捕り縄にしばられた状態で、無差別的な暴行と「かんざし刺し《ピニョコッキ》」、「グリルチキン《トンタックィ》」などと名づけられた拷問を受けた。彼は何度も気絶をし、その度ごとに矯導官は水を浴びせながら殴打と拷問を続けた。彼は十字形の棒二本をはめられ、逆さまになったままで監房に戻された。彼はうめき声をあげながら苦痛を訴えたが、矯導所側は彼をそのまま放置した。明くる朝方、彼は両手に手錠をかけられ便器に顔をつっこみ、ひっくりかえって死んでいた。彼はズボンに大便をもらした状態で、白目だけむきだした瞳、上あごは下の歯を噛みしめており、全身は真っ黒になっていた。

本当に人の命というものは、ある時代の状況のなかにおいては野獣のそれと異なるところなく、あっけなく消えてしまうものだ。その日、その島に遊びにさえ行かなければ、前科さえなければ、暴力に反抗さえしなければ、どうせ堪え忍ばなければならない受刑生活をもう少しおとなしく黙って過ごしていれば、彼はそうしてむなしく死んでいくことはなかっただろう。だから弟の死をいまでも納得することのできない彼の兄は、墓の前で「榮斗や、榮斗や、このばかやろう！」とだけ繰り返していたのかもしれない。

しかし、彼の死んだ体には、個人的な不運や家族史的な不幸だけでなく、私たちの社会が経験した時代の野蛮の痕跡がそのまま刻まれている。戒厳令の時代、光州虐殺から三清教育隊につながるこの無知粗暴なる狂気と暴力、規律社会の構築のため動員された軍による三清教育隊の殺人的な暴力、犯罪の蓋然性だけをもって好き勝手に人を幽閉することを合法化した保護監護法、人権の死角地帯としての矯導所処遇と、常習的になされた差別と暴行など、この社会に存在していたあらゆる種類の野蛮と狂気が三十年間の彼の人生を残忍にも踏みにじってしまったのだ。しかし、このような説明だけでは十分でない。問題は、彼の死が不道徳で不法的な暴力によるやりきれない死だった事実が公開的に明らかになった時になっても、それに対して責任をとろうという人は誰もいないという事実だ。いや責任までとらずとも、死んだ人に、彼の肉親に、すまないと言った人すら、いまだ一人もいないという事実は何を語ってくれるのだろうか。

彼の死の真実は徹底的に隠蔽され、無視されてきた。責任を回避するのに慣れきった矯導所の責任者はそうだとしても、彼が同僚の矯導官によって殺害されたことをよく知っていた他の矯導官も、箝口令にしたがって一斉に沈黙しているのは、どのように理解できるのか。私も矯導所について少しは知っている。十年近くの監獄暮らしは、私には大韓民国の矯導所が、その外見の現代化の趨勢にもかかわらず、近代初期の「監視と処罰」の機能にとどまり、「教化」(一社会の規律を人間の脳、精神のなかに刻印させることを意味するこの教化が、一層精巧なる抑圧でありうるが)の機能にまで進展できていないという事実を感じさせてくれた。「犯罪者たち」に対するほとんど唯一の(私が経験した限り)教化の手段があるとすれば、それはただ「みせしめ」に対する肉体的な懲罰が存在していただけだ。

どの矯導所というわけでない。一般の在監者に対する非人間的な暴行とほとんど殺人的な集団暴力に抗議するたびごとに、矯導所側から私が聞くことができたことばは、「泥棒どもをちょっとひどく扱ったからって、何をそんなに？」という反問だった（私のこの文章が、厳しい勤務環境においても人間に対する善意をもって働く矯導官に対する侮辱にならなければよいと思っている。私の記憶のなかで忘れることのできない矯導官が一人いる。監獄生活をはじめてそれほどたっていない頃のある日、たまたま私を戒護することになった若い矯導官が、監房のなかに入ろうとする私に問うた。「矯導官として一番するのが嫌なことは何かご存知ですか」。初対面で思わぬ質問を受け、誠意のない反応を示す私に、彼はこう述べたのだった。「人がなかにいるのに、外から扉を閉め、鍵をかけることですよ」。自分の職業がまさにそれなのに他者の苦痛に反応することのできる人、ある意味、私のこの文章は、このたった一度だけすれ違っただけのこの人の心性について語っているものでもある）。

「監視と処罰」を主たる業務とする矯導所側はそうだとしても、暴行で真っ黒に変わった死体を前に、心臓麻痺という嘘の所見書を提出した医師（副検医）にとって、朴榮斗という一前科者の存在とはいかなるものだったのか。彼にとって重要なことは、人間の生命の普遍的価値や尊厳ではなく、矯導所（官）と結んでいる私的、公的な人間関係、自分の職業、俸給、このようなものだったろう。ともに、そのような隠蔽過程を主導し、速やかに変死処理をしてしまった検事とは、どのような法律家的な価値観や倫理意識を持った人だったのか。いや、それよりも重要な問いがある。果たしてこうした事例は少数の専門の知識人だけに該当するものだったのか。彼の死を世間に知らせるため、あらゆる暴行と差別を甘受し、人質劇と自害、さらに矯導所の塀の外に出るために歯ブラシを飲み込んで体に忍ばせながら何日も耐えた同僚の在監者たちの命をかけた闘争にもかかわらず、徹底して無視してきた言論や知識人社会全般の無責任さは、どのように説明することができるのだろうか。

大統領直属の疑問死真相糾明委員会の活動についての資料をぱらぱら読んでいて、私は驚くような、衝撃的な事実を発見した。前に言及した「朴榮斗事件」についての疑問死糾明事案で、委員間の賛否の議論において、名望高い人権弁護士が「不可」意見を開陳したというものだった。「疑問死真相糾明のための特別法」によれば、疑問死糾明活動は「民主化運動に関連して疑問の死を遂げた事件に対する真相を糾明することによって国民和合と民主発展に寄与」することを目的としたものなので、「厳格に」述べて、朴榮斗のような前科者の死は該当しないというのが、私が資料から把握したその「不可」の論旨だった。関連法規定を忠実に読むとそのような見解を提示するしかない、という彼の個人的な判断それ自体を責め立てようというつもりは微塵もない。個人の意見は、少数意見であればあるほど尊重しなければならないというのが私の考えだ。私が怖れているのは、一人権弁護士のそのような規定尊重の意志の底面において、私たちの社会で致命的に排除され、自らの尊厳が蹂躙されうる境遇にある他者化された人たちは、今日私たちが賞賛する民主主義社会においても、相変わらず隔離／排除されうるというある種の合意を支持、ないし受容しているのではないかということだ。

果たして今日さまざまな試みがなされている民主主義は、過去の民主化「運動」と関連した人たちにだけ享受される、そのようなもう一つの中心化志向の社会に向かうものなのか。過ぎ去りし時代の不当な国家暴力の犠牲者は、数字や残酷性だけをみても、民主化「運動」に関連した人たちよりも、「運動」すらすることのできなかった人たちの方が多かった。疑問死の真相糾明が「立派な運動」あるいは「高尚な道徳性」に関連した人たちの死に対してのみ限定されるのならば、この真相糾明活動というものは、これよりもずっと多い数字のやりきれない死をより深く絶望させ、疎外させる結果をもたらすことはないと言うことはできるのだろうか？

『君の心が戦争を起こす』という題目の日本人老法律家〔羽仁五郎〕の本を、ずいぶん前に読んだことがある。講義室で法学徒に対して彼が質問する。「刑事訴訟法の目的はどこにあるか」。一人の例外もなく、すべての学生がその法律の目的は違法（犯罪）者を処罰するところにあると答えた。彼はこの現実を慨嘆して言った。「刑事訴訟法は犯罪者の人権を保護するところに目的があるんだ」。平和とは戦争のない状態を指すことばではないということばはとても有名だ。どんな人間（生命）／人種／集団も他者化されたり処罰されたりもせず、尊重される状態が真の平和だということだ。

ファシズムは、しばしば理解されているように反理性／非正常にもとづいた社会ではなく、科学的理性の絶対化、排他的な正常性の規準による非正常的な人間／集団の極端な排除にもとづいた社会をいう。ファシズムという概念が韓国社会の現実を把握するのに適当でないという意見は、いくらでも受けいれることができる。たとえその極端さや壮絶さの集中度に比べて、韓国社会の現実がより柔軟なものだったとしても、その規準の浅薄さや無謀さは、他のどんな歴史的な経験や他の社会の規準よりも一層浅薄で幼稚だというのが、これまでの私の考えだ。朴榮斗事件に対する人権弁護士の見解が、韓国社会の容認し得る平均的な生の規準を（そのようなものが容認されること自体に反対するものだが）、自らの地位や経験に照らして間違って設定したのではないことを願うのみだ。

三―三　「疑問死と関連して過ちをおかした者が自首、良心宣言をすれば、刑を免除されます」。疑問の死を遂げた者七十七名の名簿が記載されたポスターの一番下の段には、加害者の証言を訴える文句が記されている。犠牲の当事者は死んでおり自らのやりきれなさを訴えることができず、現場は保存されておらず、証拠は消滅した状態において、疑問死をめぐる真実は結局のところ殺人者たちの悔悛にかかっているという現実は、私たちを憂鬱にさせる。昨年〔二〇〇〇年〕、国会でいわゆる「疑問死真相糾明のための特別法（案）」が通過、制定され、二〇〇一年一月二一日に大統領直属疑問死真相糾明委員会が調査を開始した時点からこれまで、疑問死の真実を証言した加害者はただの一人もいない。かれらに暴力の行使を命令し、黙認し、庇護してくれた過去の権力が、今日の権力構造のなかで厳然と存在しているという現実において、加害者の証言に期待することは、本当に望みのないことではないだろうか。「こうしてみれば、過去の軍事政府下で被害を受けた人たちの名誉回復と補償だけでなく、責任者の処罰の問題は政治権力をどれだけ掌握しているかにかかっている」という陳述は、そうして説得力を持ちえるのだ。

しかし、私たちの社会に頑強に根付いている沈黙という名の遺産を、単純に政治勢力間の力関係によってのみ説明することは、きわめて安易な判断だ。「正しい階級」あるいは「勢力」が執権すれば、過去の歴史がもたらした犠牲は治癒され回復（原状回復ではなくとも）される道が開かれるだろうという期待ないし扇動は、妥当な一面もあるが、こうした昔からある習慣化された言明こそ、よく言っても二十世紀の進歩運動が反復してきた「善意の嘘」だ。権力が犯した悪行に加担した者たちが証言台に決して立とうとしないのは、単純に真実を明らかにすることに気が乗らず、処罰を怖れているからという理由だけではないだろう（そういう意味では、権力の担当者の変化がもたらした啓蒙の効果は限定的なものだ）。それにもまして、今も私たちからそれほど遠くない場所で何ごともなかったかのように暮らしているこの殺人者たちにとっては、何よりも罪意識自体、あるいは罪を罪として認識することのできる能力自体がないのではないかと疑ってみなければならないのではないだろうか。かれらに対して、自ら責任をとらなければならない罪があるという事実を悟らせる「良心の自覚にもとづいた共感の文化」が存在しない社会において、権力の変化は一定の自白の強要という効果をもたらしうる。しかし、強要されたかれらの悔悛は、過去の歴史に対して私たちそれぞれが分かつべき責任を省察せずともかまわないという、記憶の浅薄さを生み出す。

「すべての詩人はユダヤ人である」と述べたルーマニア生まれの詩人パウル・ツェラン。ナチの時代の強制収容所を経験し、そこから脱出した彼は、それ以降、死の収容所から生き残った人たちがもつ後遺症をかかえながら、とうとう「追跡妄想」に耐えきれず、一九七一年、セーヌ川に身を投げた。自分の代わりに他の人を死の隊列に合流させたという記憶を忘れないようにした人は、過去の自分の姿を記憶しようとしない現代の私たちにとって貴重な存在だろう。

生き残ったことに対する罪意識、ガス室に向かった行列から逃げ出したことで他の人が代わりに死ななければならなかったという事実に対する一生の良心の苦痛は、結局彼に死を選ばせた。明らかに責任をとらなければならない罪を隠し、いや罪を罪と認識する基本的な良心の資質までも放り出してしまったこの時代に、パウル・ツェランと彼の詩を語ることは、どのような意味を持ちえるのか？

なんという時代——いまは
木々についての会話が、ほとんど犯罪に類する、
なぜなら、それは無数の非行について沈黙している[☆12]

と、ドイツの詩人ベルトルト・ブレヒトは問うた。しかしこの痛ましきルーマニアの詩人パウル・ツェランは、「ブレヒトのために」という副題がついた「一葉、木をもたず」という詩でこう問うた。

何という時代なのだろう、

ひとつの会話が
ほとんどひとつの犯罪に等しいとは、
それがこれほど多くの言われたことを
ともに閉じこめているからといって。

沈黙と、内容なき表面ばかりのおしゃべりが共存する時代、そして過去に新たな暴力を加えるこの時代に、それでは私たちはどのような問いを投げかけるべきか。すでに気づいているかもしれないが、これまで私が語ってきた主題は、実はあまりに多く語られてきた記憶だったのかもしれない。とすれば、この文章を書いている私自身は？

「第四章」訳注

☆1　一九三一年生まれ。西ドイツのケルン大で博士学位を取得した後に、一九六二年からソウル大の教官となる。一九七三年一〇月、教授会にて、朴正煕の維新体制に反対するデモに参加した学生の逮捕・拘禁についての抗議を提案したが、その直後に中央情報部（中情）に連行された。一〇月一九日深夜、崔教授は変死。飛び降り自殺という死因は中情の捏造であり、実際には拷問致死である。「崔鍾吉教授拷問致死真相糾明および名誉回復推進委員会」のホームページを参照（http://www.humankorea.or.kr/）。

☆2　ここでは朴正煕の娘、朴槿惠《パククネ》のことを指している。朴槿惠は、各種財団の理事長等を経て、一九九七年にハンナラ党に入党し、翌年国会議員に当選して、すぐに同党副総裁となった。彼女は朴正煕記念事業会を立ち上げるなど、父親の遺産を巧みに活用しながら人気を獲得し、二〇〇四年からは同党総裁になった。

☆3　一九九六年三月、光州事件の公判に出席していた同事件の犠牲者の父親が、法廷休憩中に「全斗煥、盧泰愚、この殺人魔ども、手前らスターか何かか」などと前大統領を非難するや、後ろの席に座っていた全宰國《チョンジェグク》ら前大統領の三人の息子および複数の側近らが「何じゃこのガキ《ヤーイーセッキャ》」などといいながら集団暴行を加え、全治三週間の怪我を負わせた（中央日報、一九九六年三月一二日）。

☆4　プリーモ・レーヴィ『アウシュヴィッツは終わらない』（竹山博英訳、朝日新聞社、一九八〇年）、『今でなければいつ』（竹山博英訳、朝日新聞社、一九九二年）。

☆5　一九八〇年に、「不良輩《プリャンベー》」を一掃し「純化教育」をほどこすという名目のもと、軍隊で訓練をほどこす「三清教育」がはじまった。四万名以上が軍の部隊に収用させられ、四週間にわたる三清教育をうけ、激烈な訓練の過程で五〇名以上が死亡した。本文二一一を参照のこと。

☆6　八〇年代の初め、デモや集会等に参加していた運動圏の学生を強制徴集して、特別教育をほどこしフラクションとして利用した工作を「緑化事業」とよぶ。疑問死真相糾明委員会の調査によって、全斗煥大統領が直接指示し、保安司や安企部だけでなく検察や文教部までも関与していた証拠などが出てきている。

☆7　アラン・フィンケルクロート『二〇世紀は人類の役に立ったのか――大量虐殺と人間性』（川竹英克訳、凱風社、一九九九年）一頁。

☆8　徐俊植が獄中体験について記したもので、日本語で読むことができる主な書物は、以下のとおりである。『徐俊植　出獄メッセージ』（徐君兄弟を救う会編集・発行、一九八八年）、『全獄中書簡』（西村誠訳、柏書房、一九九二年）、『自生への情熱――韓国の政治囚から人権活動家へ』（西村誠編訳、影書房、一九九五年）。

☆9　『パウル・ツェラン全詩集』第二巻（青土社、一九九二年、六〇三頁）の中村朝子訳を引用。「一葉、木を持たず、ベルトルト・ブレヒトのために――」ではじまるこの詩は、ツェラン死後の一九七一年に出版された『雪の声部』に収録されたもので、本稿最後に述べられているように、ブレヒトの第三詩集『スヴェンボルの詩』（一九三九年）に収録された詩「あとから生まれるひとびとに」を下敷きとしている。

☆10　「疑問死真相糾明に関する特別法」は一九九九年一二月二八日、国会の本会で決議された。同日に通過した法律として、「民主化運動関連者の名誉回復及び補償等に関する法律」があり、いずれも遺族協議会の請願に端を発するものである。

☆11　参考までに記しておくが、ここでポスターでの宋康昊の顔写真と映画「ＪＳＡ」との関係について論じられているのは恣意的なことではない。疑問死真相糾明委員会は、二〇〇一年二月に、宋康昊と李英愛《イヨンエ》を名誉調査官として選定した。前年に大ヒットしたこの映画が銃撃事件の真相解明を主題としているだけでなく、和解と平和というメッセージが込められており、委員会の趣旨にあっているという判断からだった（報道資料より）。

☆12　ブレヒト「あとから生まれるひとびとに」野村修訳（『ブレヒトの詩』ベルトルト・ブレヒト仕事三、河出書房新社、一九七二年）より引用。

第五章　すべては終わった、だが愛していた

レーニンとスターリンとトロツキーの三重奏が憂鬱だ
いまになって憂鬱だ?
あのころからもう憂鬱だった?
かれらよりもずっと前から憂鬱だ、何よりも
いままで、未来まで憂鬱だ
だがその憂鬱が民をひっぱってきた内容だ
残るは華麗な音楽の衣装だけ

——金京煥の詩「三重奏」前文

一

私のよくない習性の一つは、誰かに申しわけないことがあったり、負い目があったりすると、快くその対象に近づくことができなくなり、そうして結局はその対象から自らを遠ざけてしまうということである。他の人にも少しはあるだろう、そうした回避の習性は、私には古くからの持病や体質のように凝り固まったもので、一度甘受してしまうと、そのまま結局物事を収拾するのが難しい状況をつくってしまうということを、私は何度も繰り返してきた。いま私の机の上に置いてある原稿一つとっても同じことだ。まさに私の横でこの原稿が本になっていく過程においても、私はそれに近づい

たり、調べてみたりする気がおきず、ただその周辺をうろうろするだけだった。

私がこれから語ろうとするこの原稿は、誰かの研究室で生産され出版社に渡ってきたものではない。それは私の知人であり、いま監獄に閉じこめられている現役の囚人が書いた手紙だ。一坪余りの独房で、すぐにでも走っていって抱きしめたいような慕わしい人たちに、切実な思いで一字一字ぐっと力をこめて書いたこの手紙が、（私が面接などで彼を訪ねる前に）むしろまず私のところにやってくる前まで、私が閉じこめられたその人のために何もしなかったという申しわけなさが、まさに私をそこになかなか近づけなくさせた理由だった。

このたどたどしい私の文章さえ加われば、すぐにでも本として出版され外の世界に出されることになる、この獄中書簡の主人は金京煥《キムギョンファン》だ。前職は月刊『マル』（「マル」は「ことば」という意味）の記者であり、いまは国家保安法の「間諜幇助罪」という、ちょっと聞くとものものしい罪状により監獄生活を送っている彼と私が長い時間をかけて結んできた関係を考えると、何よりも本当に数奇で密接なものだったという考えが先に立つ。互いに異なることをしていても、ある重要な瞬間には、約束しないでも出会うことになり、同じことを相互に役割を変えてやるという、この関係はいつまで継続するのだろうか。

私が彼とはじめて会ったのは一九八八年の初春、清州《チョンジュ》矯導所においてだった。一九八七年六月抗争の消息を聞きながら、遠からず釈放されるだろうと期待していたのが、直接選挙によって選ばれた大統領の誕生により水の泡と期した直後、二十年という重い刑期を背負い、大邱《テグ》矯導所からそこに移されてきた私は、やはり何日間かの違いで先に移されてきた彼と会うことになったのだ。

鉄格子の外に残雪が溶けずに残っている近くの野山を眺めながら、私の前に残された長い受刑の時間を考えるとおのずと心音が高鳴ってくる頃、彼は体を寄りかけ慰めてもらえるよき道連れだった。ともすると失意に陥りやすい姿を見せる私に比べ、彼をはじめ、その頃監房にいた同僚は本当に毅然として凛々しかったと思う。私より何歳か若かったかれらは、一九八〇年代の運動の理念的洗礼をうけた世代らしく、自らの信念に対する確信に満ちており、はばかるものがなかった。かれらの中でも金京煥は見習うべき点の多い人だった。その頃もう二度目の懲役暮らしをしていた彼は、私が見るところ、天才型というより献身型の人間であり、節制されているが他の人に対する情を隠せないような人だった。そんな彼が先に出獄した。彼は私の釈放運動をしてくれると約束し、監獄生活の合間に私が書いた何篇かの詩を、何かの宝物のようにパンツのゴム紐の間に隠し、出てからある月刊誌に発表してくれたのだ。そのおかげで、私は文字どおり「獄中詩人」のような格好をすることができた。

ところが、今度は私が、監獄から書いて送ってきた彼の手紙のなかの詩を読んでいるとは。数奇だと思うのはこれだけではない。一九九七年一二月の大統領選挙を前にしてのことだった。彼は進歩政党の大統領候補の人間性と哲学をより多くの人に知らせるのだと、自ら進んで『権永吉《クオンヨンギル》との対話』という本を書いたことがある。私が働いていた出版社から出した本ではなかったものの、彼が執筆する場所を借りるのだと言って私の横の机を占領し、その本の原稿を書いたのだ。たかだか二十日余りの期間で、自分が絶対やらなければならないと信じたことを何とかしてやりきった彼を、私は不思議な目で見るだけだった。今回も、彼の本は私の横の机でつくられている。しかし今度は私の横の席に彼はいない。自らの本がどのようにつくられているのか見ることのできない彼は、いま監獄の独房に囚われている。

単に人間的な申し訳なさや無恥のためではなかったはずだ。監獄から送られた彼の手紙に近づくのが怖く、ひょっとしたら彼の本にあとがきをつける役割が私にまわってくるのではないかと気になりもしたのは、そうした理由からだけではなかった。一体なぜ彼は、年が三度も明けた今もまだ監獄に囚われていなければならないのか。彼はなぜ今も監獄にこもり、「あの蒼い空、あの白い雲、なぜ私を泣かせるのか」ではじまる二十年前の歌〔金芝河《キムジハ》作詞・安致環《アンチファン》歌による「鳥」〕を歌っていなければならないのか。彼を捕らえたある事件から、自分の魂を汚し権力と取引した者たちは一人二人と出て行き、いまは何事もなかったかのように普通に暮らしているのに、他の人を守るために自らの肉体にふりそそぐ鞭もおそれなかった彼は、なぜ麦飯の器の前で一人むせび泣いていなければならないのか。彼が置かれたどうしようもない現実について語ろうとする瞬間からぶつからなければならないこうした問いに向き合うことを、何よりも私はおそれたのだ。

彼との関係が、結局私にこの文章を書かせた。いま私の前には、厳しい監獄修行がもたらした省察の言語で満ちあふれた彼の手紙がある。しかし私は、この手紙が何の話をしているのかについて長い文章を書き加えまいと心を決めた。監獄という自由の墓のなかで口を開き、何かを発音するということがどれだけ困難なことなのか、私も少しは知っている。私が語りたいことがあるとすれば（語ることができるとすれば）、それは彼の言語や思惟ではなく、彼がそこにいたる前に通過しなければならなかった、苛酷な苦痛の時間についてである。いまそれを語るときがきた。

二　二十世紀後半の韓国現代史のもっとも熱い年代として記録される一九八〇年代を二十代という年齢で通過してきた金京煥と私は、譬えるならば小説『広場』[☆1]は読んだものの、その小説の作家が憐憫してやまなかった主人公、李明俊《イミョンジュン》が見せた人間像を心からは信頼できなかった世代に属する。個人を閉じこめた安易な密室を蹴飛ばし、歴史が渦巻く広場へと出て行かなければならないと信じていた私たちにとって、「広場は大衆の密室であり、密室は個人の広場」であるという作家のことばは、どこか「灰色人」の軟弱さをわきまえた弁明にしか思えなかった。中立という位置は、奢侈《サチ》でなければ羞恥《スチ》だと考えていた私たちは、南と北のいずれにおいても挫折して中立国に向かい、海に飛び込んで自殺を選んだ李明俊のような人物は、分断の現実を克服するにはあまりに優柔不断なロマンティストにすぎず、したがって外勢の支配と独裁権力を打倒し、民族を解放し、民衆の国を建てるために、私たちはそれぞれが断固として透徹した革命家とならなければならないと考えた。

その道のはじまりには、一九八〇年五月の「光州《クワンジュ》」があった。今となっては、「光州」が私たちのすべての思考と行動を説明し正当化する根拠となりえないが、もしあの「光州」がなければ、私たちのなかであれほどまで多くの数の人たちが進路を変え、人生の時間を（生命までも）歴史と呼ばれるものに捧げようとはしなかっただろう。

金京煥もそのうちの一人だった。一九八三年、大学に足を踏み入れた彼は、そこで「血の五月」と出会った。「光州」を口にするのも禁忌とされていた頃、その抗争の真実と出会ったのは彼にとっても衝撃であり、戦慄であり、苦痛だった。自分だけの生に安住することができないという考えがすぐに彼をとりこにした。その年の五月、校庭で彼は、図書館の屋上から綱に乗って落ちた先輩が、同じ年頃の戦闘警察の軍靴に踏まれ、ついに植物人間になってしまうのを目撃し、自分の生きる時代に対する消しえぬ怒りと悲しみを感じることになった。

大学入学とともにはじまった学生記者生活。現場の記者から企画部長を経て論説委員となった彼は、しかし厳密な意味で学窓時代を闘争の一線で送ったわけではない。彼の書いた「控訴理由書」を見て知った事実だが、そんな彼にもついに宿命の時間が訪れた。ある年に大学の財団理事長に退陣を要求するところからはじまった学園民主化闘争は、約百日あまりの間の授業拒否として持続し、学生運動指導部の決定により総長室の占拠籠城がはじまったのだ。学生記者としてはめずらしく社説を書いていた彼は、その頃書いたある社説で学生会の闘争指導部を批判した。闘争指導部の無理な政治闘争の試みが「大我を捨て小利につく行動」だと批判したのだ。

当然、闘争していた学生は激怒し、興奮した学生は新聞を燃やしたりもした。教授が書いた社説だと誤認した学生が責任者処罰を要求するのを見て、彼は「行動もしないで批判だけすれば、本心を伝えることができない」と悟った。彼は闘争指導部を訪ね、自分が問題の社説を書いた人間だと告白し、赦しを請うた。そして「一生を低い所で、力なく貧しい人たちのために生きる」と約束した。

それは他の誰に対してでもなく、自分に対する約束だった。彼はそのときから今日にいたるまで、十五年の間、自分との約束を守るために努力してきた。飢えと野宿の連続である二度の指名手配生活と監獄生活、労働者となり印刷・溶接・製紙・建築労働をしながら、鼻血を流して指が折れ死の一歩手前を経験しながら、彼は文字どおり低い所で、力のない貧しい人たちの希望のために闘い、生きてきた。

道があると信じていたからだ。それは出家の道であり、風餐露宿〔風にさらされて食事をし、露にあたりながら宿る〕の道であり、愛する人と別れなければならない道であり、大切な人を飢えさせ泣かさなければならない道だったが、その道をたどっていけば、いつか新しい世の中が開かれるだろうと信じていたからこそ、その道をひたすら歩いていったのだ。明るい陽光の下で噴水がほとばしり花の咲くなかに、苦労した民衆の顔が広がり、笑い声がわき起こる、あの新しい世界にするためにも、道を行く私たちには羅針盤が必要だと考えるのは、とても自然なことだった。思想と理念と路線と戦略という名の羅針盤は、民主と独裁、資本と労働、帝国と民族を明確に区分し、それにしたがって私たちが進むべきところを指示してくれるものだった。そうして一九八〇年代のある時点において、私たちはある理念を選択した。それは仕方なく外部から、過去の革命の「教科書」から学ばなければならなかったが、権力を批判するどんな「不穏な」考えも容認されない思想の不毛地帯で、それはひょっとすると不可避な選択だったかもしれない。むしろ私たちが接した「成功した」革命の神話は、私たちをして、特定理念を必須的なものと考えさせたのである。

「世界は変えることができ、また変えなければならない」という自覚を実践する道の上で、二十世紀の社会主義理念と出会ったのは必然的なことだったかもしれないが、しかしそれは他方であらかじめ没落に備えることでもあった。二十世紀の革命はほぼすべて前衛による革命だった。「成功した」革命の国の教科書は、私たちに理念の実現は権力のダイナミクスを必要とすると教えていた。図式は、それが単純なものであるほど抜きんでているように思え、見習いやすいとでも思っただろうか。私たちはいつしか教科書から学んだ図式にしたがって考えはじめた。些細な違いでお互いを闘争の対象とみなしたかと思えば、人間的な生の多様な現実に接近しようと努力するよりは、抽象的な理論の尺度一つで人間の関係を敵と同志とに分けてしまった。

それだけではない。私たちは二十世紀の前衛革命の文法にしたがって、同志と民衆まで規律化しようとした。鉄の規律で組織された前衛によって指導される革命のみが成功するという教理は、低い所を志向していた献身の精神を、前衛に対する熱望へと容易に代置させた。一九八〇年五月の「光州」

における敗北の歴史の真実から得た自覚とは、したがって「成功の神話」に心の底を明け渡してしまったのだ。

歴史上のあらゆる革命がそうであるように、私たちが夢見ていた革命も、ある瞬間「天才」たちの専有物となってしまった。労働の苦痛に一歩も踏み入れたことのない学生運動出身の青二才の革命家が、いくつかの文献をつくり、労働運動を指導すると立ち上がり、生の卑賤さと美しさ、悲哀と喜びを同時に胸に感ずることのできない者が、オウムのように学んだ革命歌謡を翻訳し、詩人として世渡りをした。今も理解することのできないのは、生の現場で黙々と実践する者ではなく、下宿部屋に座り青白い顔で思想のオリジナリティを主唱する者の周囲に人々が群がっていったという点である。だが実際のところは何ら独創性があるわけでもない、こうした革命のエピゴーネンと風聞の伝達者が首の抜けるほど見上げていたのは「成功した」革命の国を支配する権力の動態だった。ロシア産の革命理論にしたがう者も、北朝鮮産の主体革命理論にしたがう者も、その意味において、内面の追随本能は同一のものだった。

この点で、北朝鮮社会あるいは北朝鮮権力に対する態度の問題は、韓国（南朝鮮）社会での革命運動において、一つのアキレス腱となっていた。北朝鮮の主体路線を「田舎くさい」ものとみなしたボルシェビキ系ロシア（ソ連）はあまりに遠い他国だったが、主体思想の優越性を支持していた南朝鮮の主体革命家にとって、朝鮮半島の北側の権力は、手をのばせば届く距離にある実体だった。さらに北朝鮮に対するあらゆる情報が徹底して遮断されている当時、私たちに北朝鮮社会と北朝鮮の「人民」とは、マスゲームにおけるような集団的な群れであったり、集団農場を行き来する風景のなかの人たちだったりした。そのように遠目に見えるかれらが幸福なのか不幸なのかを判断する根拠を、私たちは持ちあわせていなかった。その代わり、未知の領土から鮮明にみえてきたのは北朝鮮の権力だった。抗日武装闘争、親日派清算と土地改革という北朝鮮政権の業績と、短波ラジオを通じて反復して主張され、いつしか私たちにも伝わってきた反帝民族主義は、分断に苦しみ、民族の統一を熱望していた私たちにとって、あまりに魅惑的なものだった。北朝鮮の反帝規律社会が、実のところ南朝鮮の反共規律社会と異なるところのない(いやそれ以上の)抑圧的な動員体制であるという事実を認識するのは、前衛の革命を夢見ていた時代の私たちにとって容易なことでなかった。当時、北朝鮮権力の統治理念を、朝鮮半島の住民だけでなく、全人類の未来を明るくする思想だと主張してきたある「主体思想家」が、あの遠い国で現実社会主義が次々に崩壊していった直後の一九九一年、北朝鮮に渡り、金日成《キムイルソン》の教示を受けて帰ってきた。彼が受けてきた北朝鮮権力の委任状は、当時それなりに何とか脈を維持していた革命的理想と統一に対する熱望を、再び誤った道へと導いていった。

私たちは道の上で、ある瞬間、道を見失った。自らが歩んできた道を私たちがようやく疑いはじめた頃、私たちが歩いてきた道の反対側で、「人民の楽園」から飢えに耐えきれない人々が、むしろこの殺伐とした資本主義の領土を選択し、一人または家族を連れて渡ってきたのを見た。その道が間違っていたのを自覚したとき、同時に私たちがあまりに遠くに来てしまったことを悟っていた。私たちは、どこで初恋の道を失ってしまったのだろうか。歩いてきた道を戻れば、私たちはまたその道を見つけることができるだろうか。

対立的な分断構造のなかで、競争における勝利感に陶酔していた南朝鮮（韓国）は、禁忌されていた実践の極端なところまで歩いていった人たちにとって、退路の見えない社会だった。分断権力は、自らに抵抗してくる人たちから、かれらの持つ最後の人間的な矜持や美しさすら没収しようとしたのだ。道を振り返ってみたとき、帰郷の道は消え去っていた。とすると、絶え間なく最後まで持続するように見えた情熱と胸騒ぎの時間も、そこで永遠に止まってしまったのか。今ここには人間の実践が残した何かも、記憶する価値のある何かも、残らずなくなってしまったのか。

侮辱の時間が待っていた。一九九九年九月九日、国家情報院が「民族民主革命党」[☆2]（以下、「民革党」）事件、別名「主思派《チュサパ》間諜団」〔主思派＝主体思想派〕事件の全貌を言論に公開し、関連する者を緊急逮捕しはじめたとき、そしてすぐに新聞の活字のなかに、私の知る金京煥という名を発見したとき、私は彼がまた経験しなければならない厳しい試練と苦痛について思いを巡らした。そして今日、彼が置かれた苛酷な現実を考えながら、ずいぶん前に読んだ小説『広場』の主人公、李明俊を思い出した。

南朝鮮の現実に絶望して越北した哲学徒・李明俊が北朝鮮で発見したのは「灰色の共和国」だった。「あらゆるものは偉大な同志によってすべて先に言われてしまい、言うべきことが何も残っていない」

社会、「自らの政権を建てた喜びにあふれる笑いを顔にたたえた人民」を探すのが困難な、その「灰色の共和国」を、一九八〇年代に旅だった私たちはなぜ見ることができなかったのだろうか。「風聞に満足せず、常に現場に身を置こうという態度をもった」『広場』の李明俊のように、金京煥もまたあらゆることが風聞にまみれた分断の構造下で、自らが信じた信念と実践の終わりを自らの体と目で直接知るため、禁忌の極端まで歩いていったのだ。その道の、ある瞬間、ある地点で、何かが大きく間違っているということを悟ったとき、彼はどんな選択をしようとしたのだろうか。

「亡命を選択した人たちのように海外に行くか、あるいは北朝鮮に行くか、そうでなければここで雨に打たれるのかを悩みましたよ。私の場合、海外に行けば、何の説明や弁明の機会も放棄して逃げたことになるだろうし、またすでに失望した北朝鮮の体制に投降するというのは考えるのも嫌だったし、だから雨に打たれるのでもここで打たれようと考えたのです」。監獄を訪ねたとき、彼が聞かせてくれたことばだ。彼は自らの生が傷つき、自らの行動が非難されることを知っていたが、彼自身を含め、ある時代と人間の不幸を抱きしめようとした人たちの努力が、何の価値もないものではなかったという事実を守るため、逃げはしなかった。そのために、彼は監獄に行くという道を選択したのだ。

私は知っている。彼は監獄を避けることもできた。彼は分断の敵対的な対立構造のなかで、片方の権力と関係を結んで延命する方法があるということを、誰よりもよく知っている人だ。だが誰よりもそれをよく知っているが故に、彼はそうしなかった。他でもないそのことは、二十年前、大学の校庭でぶちあたった真実に対する裏切りであり、「一生を低い所で、力なく貧しい人たちのために生きる」という約束を守るために歩いていった自分の生を、自ら否認することを意味していたからだ。私の知る限り、その後、法廷であれどこであれ、彼は自らの選択と行為に対して、みみっちい弁明をしなかった。彼はいっそのこと正直に負ける道を選んだ。「広場で負けたとき、人は洞窟へと逃げこむものだ。だが果たして負けない人はこの世にいるだろうか。人は一度は負ける。ただどれだけいやしく負けるか、どれだけ立派に負けるかが分岐点だ」。『広場』の作家が述べたことばだ。

三　一九九一年の「社労盟」(南韓社会主義労働者同盟)組織の崩壊にはじまり、一九九九年「民革党」事件(「民革党」はすでに一九九七年に自ら解散を公式宣言した組織である)の終結を最後に、朝鮮戦争以来、再び訪れた集団的な理念運動は幕を下ろした。多様な形態で受容された社会主義の没落を起点として、次第に痕跡を隠していったのは、この運動の模範革命的な性格を確認させてくれるものではあるが、一つの運動の実験が失敗したからといって、これに献身した人が傾けた激烈な努力がすべて無意味なものとして取り扱われたり、消されてしまうべきではない。過去の連帯運動が非合法前衛組織の運動だけだったわけではないし、仮に前衛組織の運動が無謀だったと判明したとしても、誰よりも熾烈で献身的な人たちを呼び寄せたこの運動が、一つの社会に与えた影響をすべて否定的に評価するのは、穏当な態度ではないだろう。この運動的な実験には、当然多様な動機をもった人たちが参与した。だからこの運動の敗北をどう受けいれるのかは、結局各自の領分なのである。

「民革党」事件により金京煥が連行されたという知らせを遠くから聞いたとき、私はそれまで彼がその事件にどの程度関与していたのか知らない状況だったのだが、それでもわきにいる人に、彼が簡単に出てこられないだろうと言っていた。

それは二、三の理由からだった。まず「民革党」事件は、捜査が企画された段階から、極めて複雑な、あるいはとても不純な動機から出発していた。すでに二年前に解散してしまった運動組織を、それも構成員の大多数が自らの考えを転換した状況を知りながらも、一つの大型組織事件として一括しようと試みたのは、何よりもこの国の公安機構の過剰な実績主義が作用したものだった。さらにこの事件は、北朝鮮の対南工作と一時期直接に連結していた組織を対象とした事件だった。南北間の体制競争において、広報価値の極めて高いこの組織の検挙において特異な点があるとすれば、この組織の「総責」だった金永煥《キムヨンファン》がすでに完全投降の意思を表明し、組織の活動内容の大部分を明るみに出した状態だったという点だ。

金永煥とは誰か？「鋼鉄書信」の筆者でもあった彼は、南朝鮮の運動圏に主体思想を伝播した人として、主体思想派内で神話的な名声を博した人物である（彼の名声は、彼が輸入した「思想」の危険度と人気度に比例したものだったが）。組織の「総責」が完全転向の意思を表明し、すでに青瓦台《チョンワデー》の秘書室長と『月刊朝鮮』の趙甲濟《チョガプチェ》の間に折衝が行き来していた状態では、彼を拘束することはできなかった。黄長燁《ファンジャンヨプ》や金永煥の場合がそうだったように、転向した「総責」と、彼に対する寛容は、対北関連の事件解決の典型的なパターンでもあった。とすれば、すでに起きた事件において必要となるのはスケープゴートだったろう。最も重大な責任を問わなければならない人には手をかけないとなると、「拘束対象審査」の基準は、ことば通り「飴売りの気分次第」だった。社会的な地位の高い現職弁護士は組織の中心的な職責を務めていながらも解放される一方で、特に関連のない現職教師を拘束するなど、法適用の平衡性などは早々と放棄され、政治的な取引だけが横行したのだった。とすると金京煥は？　金京煥は、反共主義者の嫌う月刊『マル』誌の政治チーム長であり、他でもない捜査機関における闘争原則と要領についての本で有名な『もう一つの闘争』の著者「趙漢白」ではないか。さらに国家情報員の地下室で人間性まで守ろうと「欲ばった」彼は、それこそスケープゴートの対象となるにふさわしかった。彼は汚い政治的な取引のためのスケープゴートとなり、公安機構の過剰報復のターゲットとなったのだ。

絶望は敗北した歴史ではなく、いつも屈折した人間からくるものだ。当然、金京煥は反対するだろうが、私は金京煥と金永煥の人間的な対比こそが、「民革団」という事件から私たちが得ることのできるもっとも価値ある教訓ではないかと思う。自分のペンネームを「鋼鉄」と名付けた金永煥の文章のなかには、「スパイ朴憲永《パクホニョン》から何を学ぶのか」という題目のものがある。私はこの問いをこのように言い換えてみたい。「スパイ金永煥」から、私たちは何を学ぶのか。

私は金永煥が、かつて金科玉条と信じてきた主体思想を間違ったものだと悟り、北朝鮮の権力と結託した自分を悔いたのは、時すでに遅かった感もあるが、正しい選択だったと思う。過ちを悔いるのは決して間違いではない。しかし彼は自らの過ちを、自分を信じ間違った道であっても共に歩いてきてくれた人たちにではなく、過去から今にいたるまで国家権力のとりでの役割をしてきた公安機関に対して行ない、反省して悔いた。自分の行動は、「それ自体が違法な活動であるだけでなく、国家の対北政策や対共活動に混乱をもたらしうるもので、国益に少しも役にたたないこと」だとし、「国家と国民の前で罰を待ちたい」という彼の反省文を読んだ気持ちは、限りなく侘びしかった。一時期であれ彼を信じた、そして彼によって拭いきれない傷と侮辱を受けなければならなかった仲間は、彼にとっては今も「間違った道を悟らせなければ」ならない対象に過ぎない。

過去を本当に反省する人には、むやみに無視することのできない美しい苦痛の痕跡がある。しかし主体思想家・金永煥の反省は、それを読む人たちの魂にも傷を負わせる（侮辱をくわえる）虚偽の棘があちこちに刺さっているのだ。彼には自らに負わされた重い責任の痕跡がない。北朝鮮の主席・金日成と会い、教示を受け、彼がくれた委任状と四十万ドルの工作金によりある組織の「総責」として君臨していた彼は、その組織の敗北を自らのこととして受け止め、責任をとろうとする最小限の人間的な美徳も見せなかった。

「真理のために死ぬことのできる者は気をつけろ」ということばがある。これはウンベルト・エーコの『薔薇の名前』に出てくることばだ。「真理のために死ぬことのできる者は、だいたい多くの人を自分とともに死にいたらしめ、ときには自分よりも先に、ときには自分の代わりに殺すものだ」。「スパイ金永煥」が北朝鮮の乱数表解読用にやりとりしていた本のタイトルは、『私は君に薔薇の花園を約束しなかった』だった。彼は、人生の中で無数の約束をし、命令をくだしてきたはずだ。彼は思想家としてふるまい、他の人に無数の薔薇（真理）の花園を約束してきたことだろう。それがいまどこにあるのかと尋ねてみよう。すると彼は、答える代わりに『私は君に薔薇の花園を約束しなかった』というタイトルのその本を与えたかもしれない。彼は月刊『新東亜』（一九九九年一一月号）とのインタビューで、興味深い発言をしたことがある。一九九一年に北朝鮮に行って金日成に会ったところ、「主体《チュチェ》思想も知らないんだ」というものだった。ある中途半端なマルクス主義研究者がマルクスに会ってきて言った。「彼（マルクス）はマルクス主義も知らないんだ」。彼は本当に解読の難しい「乱数表」である。

私は、この「乱数表」を解読することこそが、さまざまな点で過ぎ去った一九八〇年代の運動の挫折を理解し、さらには分断体制下の南北朝鮮における総動員体制のメンタリティを理解する鍵となると考えている。まずそれは、人間個々人が自分の生命の価値を発見することを勧められず、生まれたときからあたかも民族中興の歴史的使命を帯びているかのように考えることを要求されてきた、長い教育の結果なのかもしれない。私たちは幼い頃から、ある歴史の巨大な目的に寄与しなければならないという意識で、「自己欺瞞の演技」を学んで育った。「自己欺瞞の演技」は、常に自らの実体に近似した、より大きな、よりそれらしいことばを発しなければならず、また見せなければならないという強迫観念を内面化することを通じて訓練される。そこからもう少し大きくなると、私たちは「指導者」に対する渇望を学ぶ。民族中興の歴史的使命は、この「指導者」がいてこそ可能だと信じているからだ。一九九七年、南朝鮮社会に電撃亡命した北朝鮮最高のエリート・黄長燁についての文章で、誰だったかが、黄長燁と朴正煕《パクチョンヒ》は似た年頃で、同一のメンタリティをもった人物だと書いたことがある。二十歳の青年教師から解放空間の思想闘争で頭角を現し、いわゆる反宗派闘争[☆3]の功労を認められ、四十代で金日成綜合大学の総長を経て、最高権力集団に属することになった黄長燁と、青年将校を引き連れ、軍の歴史的責務感にしたがって、命をかけてついに漢江《ハンガン》の橋を渡って青瓦台に入城、十八年間の鉄拳統治をした朴正煕は、実のところ同じ目的の別の二つの道を歩いてきた人物だ。愛国心に燃える鋼鉄の救国隊五百万学徒の上に小さな首領として君臨し、学生運動を軍事主義的な編制に規律化してしまった青年学生の指導者〔金永煥〕は、他でもない青年の頃の朴正煕であり黄長燁だったのだ。

図書館の屋上から落ちた先輩が戦闘警察の軍靴に踏まれるのを見て権力に対する怒りを学んだ金京煥と、あれこれと本を読んで思想的な「指導者」としての使命に目を見開いた金永煥が、同じ運動の道の上で会ったというのは奇妙なことであり、また不幸なことだった。労働者として生きるために指を折り鼻血を流しながら労働を学ぼうとした金京煥を、労働現場に足も踏み入れたこともないのに労働運動家を自称し、「いま青年学生に課されたもっとも大きく重要な義務は、主体思想を学習し、理解し、これを指導的指針とし、主体思想を中心に強く団結することだ」と訓戒した「鋼鉄書信」の筆者が指導することができるなどと認め合ったことこそが、過去の運動の持っていたもっとも大きな悲劇だった。聡明さとずるがしこさ、誠実さと愚直さという肩の上に登った瞬間、運動の志向は権力の側へと道を間違えはじめた。「指導者」の基本原則にしたがって運動が組織されなければならないという考えにとらわれたドイツ青年運動において、ナチとの「かすかな連関性」を発見したヴァルター・ベンヤミンのように、自律的な運動を全体主義的な性格へと変化させようとする意図から明確に分離させない限り、運動はいつも似非の「指導者」に横領されてしまう。

全体主義の陥穽は、最大かさもなくば全無だと考えるところにある。自分が金科玉条のように信じてきた主体思想を放棄した後は、権力の前に完全に武装解除してしまった金永煥と、自らの試みが失敗したことを知りながらも、自分の人間的な自尊のため闘った金京煥は違った。「転向」は金京煥もした。手紙のどこかに出てくるが、彼は「唯一思想とはどれほどひどい侮辱でしょうか」と問い、その思想のもつ全体主義的な属性から自らを分離した。一方、「完全転向」をしたという金永煥は、今でも自分がオリジナル主体思想家だと自称し、今度は国家情報院とも手を結び、北朝鮮民衆を救うためには戦争も辞さないなどと乗り出した。そうした意味で、彼は本当に自らの過誤から「転向」したわけではない。彼は片方の権力に向かった後、別の片方の権力に方向を変えただけなのだ。金京煥はと言えば、彼は監獄に訪ねてきた誰かにこう言ったという。「私が変わったということが、法的・政治的に「転向」だという名で呼ばれなければならないとすれば、私は転向したのでしょう。ですが転向というのが捜査機関によって検証され、立証されなければならないとすれば、私は現在転向していない人間です。転向というものが私自身の良心と人間性まで破壊していき、国家公安の捜査機関の口に合うように乗せられることだとすれば、私は転向しない思想犯であるにすぎません。転向を証明するために良心を売らなければならず、犬や豚のようにかれらの足の裏をなめ、こびへつらわなければならないとすれば、私は転向しないでしょう」。

闘いは勝利のためだけに存在するのではない。私たちの初恋の道は、敗北した五月の「光州」にはじまるものだった。一九九一年の冬、監獄で朴ノヘが「私の敗北は本当のはじまりだ」と痛々しく歌ったのは、彼が初恋の道がどのようにはじまったのかを知っていたから可能だったのだ。私たちは敗北したが「大地はそのまま矛盾だらけの大地」なのであり、「根っこは強靱な生命力で変わりなく根っこであるのみ」なのだから、私たちは敗北が再び本当のはじまりとなりうることを信じている。

シュテファン・ヘルムリーンという人がいる。一九八九年、ベルリンの壁が崩れ東欧の社会主義政権が一斉に崩壊し、つづいてソビエト連邦が解体することで、現実社会主義がいくつかの地点だけ残して地図上から消えてしまってから幾ばくもたたないある年の冬、私はベルリンのある書店で、彼の本『朝焼け』を見つけた。当時、齢八十になる彼は、十六歳という若い頃に「共産主義青年同盟」に加入し、ナチ政権に抵抗したレジスタンス運動をした後、終戦後に東独（東ドイツ民主共和国）に永住し、東独芸術院会員として作家生活を送りながら、三度にわたって東独最高の文学賞である「民族賞」を受けた、東独の代表的な知識人の一人だ。一九九〇年、東西ドイツ統一後、いち早く変身して、ちょっと前まで弁護してきた東独の体制と同僚を「犯罪者」として断罪する東独知識人や官吏とは異なり、彼は東独社会主義が崩壊した後も社会主義の理想に対する自分の信念を曲げず、また自分の過去をみっともなく弁護したりもしない、孤独だが泰然とした態度を忘れない知識人だった。

だが彼は過去の東独の体制下においては、その体制の閉鎖性を果敢に忌憚なく批判してきた反体制派に近い知識人だった。同じ側にいる機会主義者よりは、むしろ高尚な保守主義者を高く買っていた彼は、一つの普遍性のみを強要する東独の美学理論を批判し、文学と芸術における個体性と独自性を擁護した。一九七二年からすでに自分が属する体制を批判しはじめた彼は、人々がかつての革命に対する記憶を急いで消してしまっていく現在、むしろ社会主義的な理想に存在していた美しい価値と、ここに献身してきた人たちの記憶を復元しようとしている。「いつの頃だったか、ある日の昼食時間にベルリンのどこかの通りで私が書いた署名を、万が一私自身がもはや有効でないと言うとすれば、それはまさに私が大切にしまっておいたもののなかでも最上のものを捨て去ることを意味している。私は私が献身してきた運動よりも立派なわけでも拙速なわけでもなく、運動の成熟さと未熟さとを、その偉大さと悲惨さとを分かち持っている」。ドイツ全体がナチズムの狂気へとどんどん舞い上がっていった時期、ベルリンのある通りの片隅で偶然「共産主義青年同盟」の入党願書に署名した十六歳の頃の選択（約束）を想起した自伝的な散文集『朝焼け』のこの下りは、一つの巨大な理念と体制がいかなる荘厳さもなく没落していく時代にも放棄することのできない、人間的な尊厳と魂の美しさを見せてくれるものだった。

ある時代は、それを記憶する人たちがいる限り、ただあっけなく消え去ることはない。偶然知ったある東独の作家の文章を通じて、私が悟ったことがあるとすれば、まさにこの事実である。歴史において負けるということは必ずしも恥ずかしいことではなく、また絶望しなければならないことでもない。シュテファン・ヘルムリーンの例にみたように、歴史において負けた者が傲慢な勝利者や敗北を隠したり偽ったりする者よりも、ずっと荘厳で美しいということがある。監獄に入った私の友人、金京煥は、自分の道を歩いて倒れたが、倒れた者がより美しい精神を維持しえるということを、今日の私たちは目撃しているのではないだろうか。「十四年ぶりの返事」という題がつけられた手紙で、金京煥は、一九八七年六月抗争および七、八、九月と息苦しくつづいた労働者の大闘争の波が打ち寄せてきた頃のある日の記憶を呼び起こしている。城南《ソンナム》市の上大院洞のある製紙工場で働いていた彼は、夜遅く夜勤を終えて帰る道に、自分の地下の一間部屋の前に、傘も差さずに疲れ切った悲しい顔で立っているある女性労働者を発見した。縫製工場の労働者だった彼女は涙混じりの声で、同志が捕まっているという事実を伝える。しばらく対策を議論し、かれらは別れようとした。短い挨拶を交わし、戻ろうとした彼の前に立った女性労働者は言った。「私たちは勝利できるの?」。何も答えられなかった。彼はそのとき胸が詰まり、言いようのない悲しみがこみ上げてきて、前に立った同志をぐいとひっぱって抱いた。その時にできなかった返事を、十四年たったいま、三度目の監獄から送る。「勝っても負けても大丈夫!」と。岩にあたれば迂回し、丘にぶつかれば越えながら、ようやく巨大な海にいたる水の運動を悟った後の返事だった。

四　安東《アンドン》に行ってきた。新しくできた中央高速道路にのって。安東市内に入る前に料金所を一つ出ると、そこに金京煥が「面壁修道」する安東矯導所がある。彼は不正義の時代を生きるのに必要な名前だった趙漢白、冠帽峰《クワンモボン》〔民革党内での暗号名〕といった「冷戦の繭」を脱ぎ捨て、金京煥という本来の名前を見つけ、そこに安らかな顔で座っていた。とても申しわけなそうにしていたが、私もやっかいな服を一枚脱いだような、そんな気持ちで彼と対面した。いろんな話をしていたところ、彼は突然「陳雲芳《チンウンバン》」という人について文章を書きたいと言った。

陳雲芳とは、一九九八年のある日、彼を訪ねてきて、また北朝鮮に戻ろうとするときに乗っていた半潜水艇が南朝鮮の海軍艦艇の砲撃によって撃沈されたときに死んだ、北朝鮮の「工作員」の名前である。二〇〇〇年一月の冬、法廷に立った金京煥は、最終陳述をする席で、冷戦の時代に軍事的な対立によって死んだ人たちに対して、まず哀悼の意を表明した。そのとき、彼の頭のなかには陳雲芳の名前が痛々しく記憶されていた。彼の考えどおりだとすれば、半潜水艇で死んでいった陳雲芳の手には、幼い娘にあげる毛の帽子とマフラー、幼い息子にあげる腕時計、そして成人用のペアの手袋があったという。それは金京煥が陳雲芳に渡した送別の贈り物だった。その贈り物は、主人の手に渡ることなく、蒼い海のどこかへと消えてしまった。

北朝鮮の工作員、陳雲芳に対する金京煥の哀悼は、南朝鮮の反共の叙事においては何の人格も人間的感受性も付与されない道具的な人間であり単純な代理人に過ぎない存在に対して、生き、活動し、苦悩し、葛藤する一人間の実体を取り戻そうとする菩薩行だ。

小説『DMZ』(想像するためには映画『JSA』を想い出すのがよいかもしれない)が想起された。生命の恩人である北朝鮮兵士を殺した自責の念から自殺を選択する金秀赫《キムスヒョク》。彼が残した最後のことばは、呉慶弼《オギョンピル》上等兵の代わりに謝りに行くというものだった。分断の構造が作動させる銃撃戦のなかで、互いに傷つけあった事実に傷つくことのできる魂を、本においてでも発見することができたことに感謝した。小説『広場』の李明俊以来、分断の矛盾のなかで傷つき、死んでいった命は、おそらくこの世ですべて記憶できないくらい無数にあると思う。

陳雲芳も、そのなかの一人だった。非対称的な分断構造下の南と北でそれぞれ生まれたかれらが出会い、結んだ関係は、一九九八年一二月、冬の海で終わりを告げた。二人で会ってもとうてい口に出せない話まで金京煥が書くことのできる日はいつだろうか。その本は、ひょっとすると分断時代に生きてきた若い魂が、もう一つの亡き魂にささげるもっとも美しい鎮魂歌となるかもしれないと、私は思った。

堤川《ジェチョン》を経てソウルに戻る道に、冬の雨が降っていた。あたかも道を消してしまうかのように。もともと道は広野のものだった。

「第五章」訳注

☆1　崔仁勲《チェインフン》が一九六〇年一一月、雑誌『夜明け《セビョク》』に発表した小説。日本語訳は二種類ある。加筆されて『現代韓国文学全集』(新丘文化社、一九六七年)に収録されたものを底本とし、金素雲が翻訳したものが『現代韓国文学選集1　長篇小説I』(冬樹社、一九七三年)に収められている。七三年にさらに手直しされた『広場』(民音社)が韓国で出版されたが、それを底本にして田中明が翻訳したものが『広場』(泰流社、一九七八年)である。哲学科の大学生だった主人公の李明俊は、警察による取調と拷問や、南朝鮮(韓国)の社会の実態に耐えかね、北朝鮮へ脱出する。しかし、北で彼が発見したものは「灰色の共和国」だった。その後勃発した朝鮮戦争に、彼は参戦を命ぜられるが、洛東江戦線で国連軍の捕虜となった。休戦後、北への送還も南への帰順も望まなかった彼は、「中立国」行きを強く希望した。小説は、「釈放捕虜」である彼がインドへと向かうタゴール号の船上から始まり、洋上で彼が「行方不明」になるところで終わる。

☆2　北朝鮮が南の主体思想派の「核心勢力」を抱き込んで、組織させたとされる地下党。一九九九年八~九月に国家情報院が五人を逮捕するとともに、捜査結果を大々的に公表した。それによれば、以下のとおりである。その前年一二月に南海で、韓国軍が北朝鮮の半潜水艇を撃沈した。そのとき射殺された「南派スパイ」陳雲芳の遺留品の手帳に書かれた連絡先などから地下党の存在が判明した。一九八九年、北朝鮮は学生運動圏に影響をもってきた金永煥を入国させ、教示と工作資金を与えた。金永煥は主思派の地下組織・反帝青年同盟を「下部網」とし、民革党を結成したのだという。しかし一九九九年夏、中国に長期滞在していた金永煥は韓国政府に入国嘆願書を出して帰国し、自白した。その後、一斉逮捕に到ったのである。金永煥は「転向」し、北朝鮮の政権を打倒するという主張を積極的に展開するようになった。

☆3　一九五六年六月、金日成は、一九五七年から実施する第一次五ヵ年計画に向けて経済援助を取り付けるためにソ連・東欧を訪問した。この間、崔昌益《チェチャンイク》、尹公欽《ユンコンフム》、徐輝《ソフィ》らは金日成の独裁体制構築を阻止するための準備をし、帰国後の八月に開かれた朝鮮労働党中央委員会で彼を批判する発言をした。これに対してかれらを労働党から除名処分にするなどの措置が施された。当時、金日成を中心とした勢力は、唯一指導体制を固めるために「反宗派闘争」として分派主義を体制から追放しつつあったが、この動きも「宗派的陰謀」とみなされ、そのことから八月宗派事件などと呼ばれている。

訳者あとがき

本書は、文富軾《ムンブシク》『잃어버린 기억을 찾아서 – 광기의 시대를 생각함（失われた記憶を求めて――狂気の時代を考える）』（ソウル：図書出版三仁、二〇〇二年八月、以下「原著」とよぶ）に収録された九章の論考のうち、第一、二、三、四、八章を翻訳したものである。こうした独自の編集形態をとったことについては後述する。

本書は、一言で言えば、著者が「狂気の時代」あるいは「暗い時代」とよぶ八〇年代の韓国社会の記憶をめぐるエッセイ集である。原著のもとになった論考は、ほぼすべて一九九九年から二〇〇二年の間に書かれた。これはかつて民主化運動の象徴的存在だった金大中《キムデジュン》が大統領だった期間とも重なると同時に、韓国がＩＭＦの管理下におかれ、急速にグローバル化に巻き込まれていく時期でもあった。一方、この本のどの章でも言及されるのは、一九八〇年五月の光州《クワンジュ》抗争であり、また著者自身が関与した一九八二年三月の釜山《プサン》アメリカ文化院放火事件である。では、なぜそれから約二十年たった時点で、その記憶をめぐってこれほどまで内面を抉るような論考が書かれなければならなかったのか。そのことの持つ意味合いを理解するためには、その基本的な背景となる朝鮮半島の現代史の一断面について触れておく必要がある。まずは本書に関係する範囲において、八〇年代から九〇年代における韓国社会の動向を、著者の歩みとともにおっておこう。

光州抗争と文富軾

一九七九年一〇月、朴正熙《パクチョンヒ》のいわゆる「維新体制」への不満、および経済不安を背景として、釜山や馬山《マサン》で学生らによる大規模なデモがおこなわれるなか（釜馬《プマ》事態）、十八年間独裁政権を敷いてきた朴正熙大統領が、側近の金載圭《キムジェギュ》中央情報部長に暗殺された（一〇月二六日）。その翌日、全国に非常戒厳令が発布され、崔圭夏《チェギュハ》総理が大統領権限代行に就任し、一二月には大統領に就任した。一二月一二日、全斗煥《チョンドゥファン》や盧泰愚《ノテウ》ら「新軍部」とよばれる勢力が、鄭昇和《チョンスンファ》戒厳司令官を連行し、軍内部の実権を掌握する（一二《シビ》・一二《シビ》事態）。一方、「ソウルの春」などともよばれたように、この時期民主化への期待は一気に高まり、とりわけ一九八〇年三月から五月にかけて、学園民主化運動や労働争議などが盛んに展開した。

全羅南道《チョルラナムド》の光州でも全国の動きに呼応して、街頭デモや討論会が活発に開かれた。五月一五日のいわゆる「ソウル回軍」（ソウル駅頭に集まった学生・市民のデモ隊が、集まったことで事たれりとして引き返したできごと）以降、全国的には政局をしばらく見守る方向になっていたが、光州では、五月一六日に、約二万人がたいまつを片手にデモをおこなった。それに対し、五月一七日、全斗煥ら新軍部は全国に非常戒厳令を敷き、金大中らの実力者を一斉に逮捕した（五・一七クーデタ）。翌五月一八日、これに抗議して光州市内で学生らがデモを起こした。新軍部は、これを北の支援を受けた「暴徒」とみなし、空挺部隊を派遣し武力で鎮圧する。このことに激怒した市民も示威に参加し、光州抗争として全羅南道各地に拡大した。光州の市民は、二一日には武器を奪取し、市民軍を結成し、道庁を占拠した。二二日から二六日にかけて、光州は市民によるコミューンとなり、他方の戒厳軍は交通や通信を遮断した。そして五月二七日の明け方、駐韓米軍の指揮下にあった韓国軍四個大隊が光州に投入され、道庁が武力によって鎮圧された。これが「光州事件」（光州抗争、光州事態、五《オー》・一八《イルパル》などいくつかの呼称がある）と呼ばれる事件である。一連の弾圧による死者の数はいまだ定かでない。当時の政府発表では百八十九名だったが、市民側からは二千名という数も出されている。

同年九月一日、全斗煥が第十一代大統領に就任した（朴正煕の維新体制において大統領選挙は統一主体国民会議での間接選挙とされていた）。金大中は「内乱罪」により死刑が宣告された（翌年恩赦）。一〇月には第五共和国憲法が国民投票により承認・公布され、翌年には第五共和国が出帆する。一方、光州の鎮圧以降、民主化への悲観論が広まり、運動は一時期萎縮した。そうしたなかで一九八二年三月一八日、本書の著者・文富軾をはじめとする学生が釜山アメリカ文化院を放火した。この事件を大きな契機として、民主化運動は、反米運動をともないながら再燃していった。

では、なぜ文富軾は釜山アメリカ文化院を放火したのか。彼の略歴とともに、ふりかえってみよう（以下の略歴についての叙述は、主として著者からの私信を根拠にしている）。

文富軾は一九五九年に、釜山で生まれた。父は陸軍士官学校出身（金鍾泌《キムジョンピル》と同期だという）の軍人で、幼い頃から各地に移り住んだ。父が軍隊から出た後も、小学校の六年間にソウル、大邱《テグ》など七回も転校したという。中学校までは家庭も安定的で、得意だった絵画の勉強もした。しかし高校時代、家庭での事業の失敗などもあり、父母は離婚してしまった。そうした雰囲気のなか、彼は憂鬱な感情をおさめようと、読書に没頭した。そんなとき、友人の紹介で行った教会に惹かれ、学校よりも教会に頻繁に通うようになった。そして牧師か神学者になろうと、神学大学へ進学することを決めた。

彼は、釜山にある高麗神学大学（現・高神大学）に入学した。入学するまでは、高神大がきわめて保守的な大学であることを知らなかった。しかし高校時代からボンヘッファーに傾倒し、キリスト教の社会参与を当然だと思っていた彼は、この大学の雰囲気に耐えきれなくなった。大学二年の頃、学校の閉鎖性を問題提起するビラを撒き、休学処分を受けた。休学中の七九年から、労働者に対する夜学の教師をはじめた。ところがその頃、彼は母の自殺という悲劇にみまわれる。父とも絶縁し、無一文の生活となった。夜学でも教えることができなくなり、中華料理の配達、靴磨き、リアカーでの果物売りなどでわずかな金を得ながら、「自炊房」という下宿部屋を転々とする日々が数ヵ月続いた。

八〇年の春に復学しても、彼は大学に適応できなかった。そうしているうちに、五月の光州があった。しかし、当時は光州で何があったのかは明確に知らされておらず、大学の突然の休校として記憶している。

八一年、新設の医学部に入学してきた学生たちを集め、キリスト教教育学科にいた当時の恋人・金恩淑《キムウンスク》とともに、「意識化モイム」(モイムは「集まり」「会」といった意味)を組織した。「意識化」とは、対話や学習を通じて自分がいま置かれている抑圧的な社会的状況を認識し、変革していく過程を意味し、もともとブラジルのパウロ・フレイレらが広く使いはじめた概念だが、七〇年代後半以降に韓国の民衆運動に「第三世界」思想が入ってくるにつれて広まっていたものである。同年秋、文富軾は基督教青年聯合会の副会長の紹介で、「光州抗争」に関連したとして指名手配をうけていた金鉉奨《キムヒョンジャン》と出会った。彼を自炊房にかくまっている間、光州の実情をつぶさに聞いた文富軾は、激しい衝撃を受けた。彼は積極的に抵抗運動に参与しなければならないと考え、原州《ウォンジュ》のカトリック社会教育院の修練会に参与したり、釜山の他大学との運動の連帯の活動をはじめた。

ナチに抵抗してミュンヘンで反ヒトラーのビラを撒いた学生団体「白バラ」についての本を読みながら、全斗煥の写真に「この殺人魔がわれわれの大統領なのか」と書いたビラを、公衆便所に貼り付けたりもした。市内にゲリラ的に垂れ幕を張ったこともあった。そのような活動を通じて、文富軾は「光州虐殺とそれを支援した米国」

という主題に近づいていった。実は、八〇年一二月に光州アメリカ文化院でも放火事件があったのだが、これは単純な事故として処理されていた。しかしその実情を聞いた彼は、釜山アメリカ文化院への放火を、意識化モイムの仲間と計画しはじめた。

八二年三月一八日、それは実行に移された。疑いをかけられにくい女子学生が放火を担当し、男子学生が光州虐殺と米国の関係や米軍の韓国撤退要求などのメッセージを含むビラを撒いた。文富軾は現場の進行役で、文化院への進入サインを送ったり、退路を確保したりする役割だった。その日の風は強く、また文富軾の準備した揮発油の量はあまりに多かった。火は瞬く間に文化院に燃え上がり、文化院は全焼した。火災から逃げ遅れた大学生一人が焼死し、学生二人が重傷を負った。これはまったく予想外のことだった。

放火事件は、多大な波紋を及ぼした。安企部、治安本部、保安司が合同捜査本部をつくり、懸賞金二千万ウォン、追加一千万ウォン（庭園付きの二階建て邸宅を購入できる程度の額）を掲げて、犯人検挙に全力を挙げた。事件後、文富軾と金恩淑は原州のカトリック教会に身を隠していた。最初、北の「間諜《スパイ》」によるテロ事件とみなされていた事件だったが、そのうち情報提供者があらわれ、文富軾ら大学生の犯行だと明らかになった。後輩たちがまず捕まると、文富軾は自首を決意した。後輩が拷問で苦しんでいるだろうということを考えたからであり、またあまりに事件が歪曲して伝えられているため法廷で真実を述べようと思ったからである。四月一日、彼は出頭した。

自首する直前、文富軾は金壽煥《キムスファン》枢機卿に手紙を送った。これは国外に持ち出され、日本の雑誌『世界』四四二号（八二年九月号）に、「私はなぜ放火したのか」という題で掲載された。彼は、プロテスタントの長老教会系に属していたが、所属会派が「もっとも保守的」であったため、敢えて枢機卿に「最後の信仰告白」をしたのだった。放火という方法で意思表示したのは、「米国がこの地で犯した歴史的罪過に対するこらしめから」である。米国は、光州市民の虐殺の「最終的権限を了承した」のであり、そのことで「十字架を汚した」のだ。光州後の教会の姿（本書第二章参照）は、まさに「教会の終末」である。しかも言論が軍部と財閥に追従し、民の側に立ち得ていない。だから自分自身の計画で、放火を主導した。そして彼は、逃げ遅れて亡くなった張徳述《チャンドクスル》に「死ぬ日まで祈祷をもって罪を贖い罪を永遠のものとする」と誓っている。こうした内容から見られるように、明らかに文富軾は「殉教」を覚悟していた。

彼の出頭後、捜査の過程で、金鉉奨や、彼を原州でかくまっていた崔基植《チェギシク》神父らが次々に捕まった。カトリック教会は、八一年の段階から、全斗煥政権と正面から対決する姿勢を明確にしていた。そういうこともあり、枢機卿まで登場して、崔神父だけでなく、文富軾や金鉉奨らの救命運動を展開した。米国に亡命していた金大中も救命運動を行なった。そのため、政権も司法部も裁判を闇の中で一方的に進めることは難しくなった。

検察は被疑者十五名を、国家保安法、戒厳法、放火致死傷害罪などの罪で起訴した。文富軾は、法廷の陳述で放火の目的は明確に伝えたが、自分が無罪だとは一切主張しなかった。一人の学生が亡くなっているからである。実際、本書は火事で亡くなった張徳述に捧げられており、原著の表紙が黒いのは喪を表しているのである。八月、釜山地方裁判所は文富軾と金鉉奨に死刑、金恩淑に無期懲役、崔神父に懲役三年などの刑が宣告された。そして大邱高等法院の判決（一二月）でも二人には同様に死刑が宣告された。

大邱高等法院での文富軾の最終陳述（『世界』四四七号、八三年二月号所収）は、本書での彼の思考とも通ずるものが見られる。長くなるが、一部引用しよう。

国民の尊敬を受けていた一人のわが国の政治指導者〔＝金大中〕が五・一七事態のとき内乱陰謀罪で死刑判決を受けました。そのとき私は友人に向かって「この社会において果してどれほど多くの人が死んで民主主義が実現されるのだろうか」と呟きました。友人は「君と私が生命を捧げて民主主義を実現しようという心を持たない限り、民主主義は決して来ない」といって、歴史的な悲劇に心を痛めてばかりいる感傷的で消極的な私の姿勢にくさびを打ちこんでくれました。それ以後、私は、不当な権力を支える力が何であるかについて、長い彷徨と苦悩を重ねるようになりました。権力が掲げる華麗なイッシューや口号ではありません。そんなものに、いまや国民は欺かれません。経済成長や軍事力でも、そして経済力でもありません。間違った政権を支えるもっとも大きな圧力は、間違った韓米関係であり、民主主義を放棄し諦めてしまう、民衆ではない大衆、即ち、この国の国民であると考えるようになりました。私はこんどの放火に私のすべて、私の生命までかけました。私の生命を投げ出してこの民族と世界に期待をかけました。〔…〕

私は、私の死が韓米関係の新しい里程標となることを願います。〔…〕またアメリカに代ってアジアの宗主国として振舞おうとする日本政府が、アメリカの姿勢をそのまま踏襲しようとすることに対しても、この事件が一つの警鐘にならねばなりません。〔…〕

神が欺かない限り、われわれは必ず勝ちます。持てるものがあるとか、われわれが強いからではなく、われわれが正義と世界史の流れの上に立っており、彼らがその流れを拒否することの上に立っているからです。夜は長くとも、明日は来ます。私は低い声で叫びます。民主主義万歳、民主主義万歳、民主主義万歳。

何が民主主義を遠ざけ、「不当な権力」を支えているのかという問いに、彼は「間違った韓米関係」だけでなく、民主主義を諦めた「大衆」だという答えを与えている。私には、この「殉教者」のことばが、本書にも通底する論点を提示しているように思われる。また、日本の存在が言及されていること、さらに世界史の流れから自らの行為を把握している点においても、刮目すべきテキストとなっている。

翌年三月、大法院（最高裁判所）が上告を棄却し、死刑が確定した。しかし、全斗煥は二人を死刑から無期懲役に特別赦免した。そこから文富軾の六年九ヶ月にわたる監獄生活がはじまることになった。

八〇年代の記憶をめぐって

以上が、八〇年から八三年までにあった出来事である。しかし文富軾が、この時代の記憶をめぐる文章を社会批評として書くようになったのは、それから十五年以上たってからのことだった。それはなぜか。

九三年に、金泳三《キムヨンサム》が、六一年の朴正熙によるクーデタ以来三十二年ぶりの文民大統領として当選した。この頃から、光州抗争を民主主義のための闘いとして公式に認定する動きが加速した。もともと光州抗争の被害者が埋められていた望月洞《マンウォルトン》墓域は、遺族や民主化運動の担い手によって追慕事業などがなされてきた。しかし九四年になると、政府の支援のもとに光州市が「五・一八墓地」を造成・「聖域化」する事業を本格的に開始した。また同年には、光州抗争の被害者らがソウル地検に刑事告発した。しかし、「成功したクーデタは処罰できない」といった理由で引き延ばされた挙げ句、「公訴権が無い」という理由で不起訴処分となっていた、それに対して、九五年一二月に、「五・一八民主化運動等に関する特別法」が制定され、光州抗争に関する公訴時効が停止となった。その結果、元大統領の全斗煥と盧泰愚が内乱罪などの嫌疑で法廷に立たされることになった。「憲政秩序」を破壊したとして、翌年それぞれに死刑および無期懲役の一審判決が下された。九七年には大法院でそれぞれ無期懲役と懲役十七年の刑が確定したが、金大中の大統領当選確定直後に金泳三大統領によって赦免され釈放された。一方、同年には望月洞の新墓域の造成事業が完了するとともに、五月一八日が「五・一八民主化運動法定記念日」と正式に認定され、記念日の行事は政府主導となった。さらに九七年一二月には「光州民主化運動関連者補償等に関する法律」が制定され、光州抗争による死者・行方不明者または傷痍を負った者およびその遺族への補償の道が開かれた。

このように「光州」は、民主化の象徴として、急速に国家による正当性の付与がなされるようになったのである。光州抗争だけではない。七〇~八〇年代の民主化運動が、政府によっても評価され、民主国家建設の「功労」を認めるような動きが、九三年以降、徐々に強まっていった。もちろん、政府によって不当に貶められてきた民主化闘争の歴史的意義がはっきりと評価されるようになったことは歓迎すべきことに違いない（民衆運動の「挫折」の歴史として回顧されるのが常態化している日本社会からみれば、そのことの積極的な意義を見いだしたくなったりもする）。しかし文富軾が、本書で執拗に問うていることの一つは、そうしたなかで「国家」「国民」という存在がより堅固なかたちで登場してきているのではないか、そのことはむしろ「光州」の記憶を裏切るものではないかということである。あの事件のあの瞬間に一体何が問われていたのか、そこで見いだされ、つくりだされた関係性とは何だったのか、あの時代から変わったことは何で、何が変わっていないのか、「光州」で発せられた問いは今日どのような意味をもつのか。それが本書を貫く主要なモチーフの一つである。

また、もう一つ重要な点は、文富軾が九七年から季刊誌『当代批評』の責任企画者として活動しはじめたことである。この雑誌の動向は、本書における文富軾の批評のあり方と密接に関わっているので、少し触れておきたい。

『当代批評』の創刊は九七年の秋だった。創刊時に編集代表としての役割を担ったのは、『こびとが打ち上げた小さなボール』で知られる小説家であり、また労働運動に関心を抱き続けてきた趙世熙《チョーセヒ》である。時まさに韓国が経済危機によってIMF体制下に組み込まれる直前のことであった。創刊号の特集は「自由と平等を超え社会的連帯へ」と題され、アミンらの論考を紹介するなど新自由主義路線に対抗する連帯を模索している。以後、経済危機のなかで労働者問題や権力構造批判を中心とした主題で刺激を与えていった。経済的な理由から九八年秋号をやむをえず欠号にしてしまったが、出版元を移して心機一転、再出発した。編集委員制度をはじめるとともに、文富軾が編集主幹となり、批評の論点も独自色を出しはじめた。

いくつかその特徴はあるが、本書と密接に関係のあるものでいえば、「内なるファシズム」論である。これは、いってみれば韓国におけるファシズムの歴史的な展開のなかで内面化されたものをとりだし、問題化していこうという試みである。文富軾らは、『当代批評』創刊に前後して出版された『レッド・コンプレックス』(三仁、一九九七年)で、韓国を支配する「赤色恐怖症という集団無意識」を解剖して見せていた。『当代批評』の七号「潜伏する戦争――野蛮のシナリオに抵抗せよ」、八号「われらの内なるファシズム――内面化された権力、あるいは〈自発的服従〉について」、九号「われらの内なるファシズム2――抑圧と規律から自律と連帯へ」は、そうした方向性をより一歩進めたものであるといえる。ここでとろうとしている視座は、ファシズムを何か特殊な逸脱とみるのではなく、教育現場、マスコミ、家庭生活、経済生活や左派知識人の思考のなかにまで日常的にみられる権威主義、位階秩序、家父長制、排外主義、権力への自発的服従にファシズムへの契機が遍在しているのであり、これらを批判していかないかぎり同じことが繰り返されるという観点である。実際、本書の第一章は、第九号の特集論文として発表されたものである。

このような『当代批評』の知的運動の展開が本書にも色濃く反映している。日本でもよく知られている『創作と批評』などに代表されるように、韓国では季刊誌や不定期のムックが知識人と社会との接点となるメディアとして広く利用されている。『当代批評』もその一つであるが、韓国社会で切り捨てられがちだったオルタナティブな社会運動との連帯や、ナショナリズムに対する批判的な考察などの点において、際だった特色をもっている。とりわけ九〇年代後半の韓国社会における脱冷戦への取り組み、グローバル化批判、ナショナリズムをめぐる論争などにおいて、本書と共鳴するものを見いだすことができるだろう。

本書の構成について

本書の構成について触れておく必要がある。そのためには原著が巻き起こした、いささか気の重い「論争」についても言及しなければならない。

原著から翻訳を割愛したのは、以下の各章である。

第五章　暴力と蜃気楼——あの日そこで罪を犯した者は誰もいなかった、しかし
第六章　私たちは大韓民国の野蛮を忘れたのか
第七章　挫折した帰郷——作曲家・尹伊桑《ユンイサン》の帰らざる死
第九章　再び「国家」を考える——自律的個人の連帯を夢みて

徐勝《ソスン》『獄中十九年』の書評である六章、まだスタンスの定かでない時期に書かれている七章、『当代批評』の序文を集めた九章を割愛したのは、まずは単純に分量のためである。しかし、五章を今回訳出しなかったのは、やや異なる経緯がある。

二〇〇二年八月に原著が出版されたとき、いや正確にいえば出版される前から、原著の五章が大きな話題となっていた。五章は単行本のための書き下ろしであるにもかかわらず、活字になる前から論争の対象となるという奇妙なことが起きていた。以下、故中村福治氏から電子メールでいただいた論考「文富軾の挑戦——八〇年代運動圏内のファシズム論争に関する一考察」も参照しながら、「論争」の概要と、本書で割愛した経緯について、できるだけ簡略に記しておきたい（同論考は、立命館大学のプロジェクトのために準備していた原稿だというが、活字化されたのかは定かでない。この「論争」を中村氏なりの観点から丹念に掘り下げたものである）。

第五章で文富軾が主として論じたのは、八九年に釜山で起きた東義大《トンウィデー》事件である。同年五月、派出所の所長による銃器乱射に抗議して、東義大の学生が戦闘警察五名を人質にとり、図書館に拘禁した。学生は、五月一日に捕まった学生との交換の交渉を警察と行なった。しかし交渉は平行線をたどり、五月三日の明け方、警察は学生の鎮圧に乗り込んだ。そのとき原因不明の火災が起こった。逃げ遅れた警察官七名が命を落とした。当時、司法部は図書館の籠城を主導していた学生に、懲役二年から無期懲役にまでいたる重刑を宣告した。これが東義大事件の概要である。

なぜこの事件をとりあげたのか。そのきっかけは、民主化補償審議委員会が二〇〇二年四月、この事件の関連者四十六名に対し、民主化運動関連者として認定したことにあった。これに対して犠牲者遺族と警察側は反発し、政界でも問題が提起されるなど、激論が巻き起こった。文富軾の文章は、この議論に彼なりの観点から介入しようとするものだった。もともとは本書第三章の補論程度に考えていたものだった。

原稿用紙にして約百枚もの分量がある五章の内容を、ここで要約することはできない。他の章が国家暴力を中心に議論がなされているのに対し、この章で焦点が当てられているのは「抵抗の暴力」である。ただし、問題がやや複雑なのは、火災およびそれによる警察官七名の死が、意図的な武装闘争によるものではなく、あくまでも不慮の事態だったという点である。当時の捜査や報道があまりに事件をひどく歪曲し、学生たちは凶悪な「殺人放火犯」として扱われていた。そのため、事件の関連者が、民主化補償審議委員会に申し立てたのは、あくまでも「真相解明」を目的とするものだったという。しかし結局のところ火災の原因が明らかになったわけではなかった。にもかかわらず、当時の学生たちの「動機」を重視することで、委員会はこれを民主化運動と認定したのであり、文富軾の批判の矛先はまさにこの点にあり、そこから暴力をめぐる省察や言語の問題を提起していくという点で、本書の他章と通底するものがある。

では、この章がなぜ発表もされないうちから「論争」になったのか。それは、大手新聞である『朝鮮日報』に、二〇〇二年七月一二日付で文富軾のインタビュー記事が載ったことを発端としている。『朝鮮日報』は、韓国で最大の発行部数を誇ると同時に、特に政治分野の記事や論説において、社会運動・市民運動や分断克服の動きに冷ややかであるなど、「言論権力」の象徴的存在とみなされ、不買運動や知識人の寄稿拒否運動なども起きたことのある新聞である。そうした新聞に、「東義大事件の民主化認定は納得できない」といった見出しで、かつての民主化運動における重要人物の一人だった文富軾の大きなインタビュー記事が載ったことから、一種の「スキャンダル」のような様相を呈することになった。

このインタビュー記事が載った経緯は、やや複雑である。同年六月二八日、韓国の歴史問題研究所で討論会があった。本来はこの時までに文富軾の本が出ている予定で、それを叩き台にして討論する予定だった。ところが本の完成が遅れ、開催延期を提案したが、主催者側の要請もあって未完成版をそこで発表した。この場に『朝鮮日報』と、民主化運動のなかから出てきた新聞である『ハンギョレ』の記者がそれぞれ来ていた。その討論会では、書き下ろし原稿として準備していた第五章がやはり熱い討論の議題となった。ただ、討論会の内容を本が出る前に新聞記事化することには文富軾は躊躇を示していた。ところが、まず『ハンギョレ』が小さな記事を出してしまった。この時点では騒ぎも何もなかった。それに対し、『朝鮮日報』の記者が、どうしてこちらは記事として出せないのかと執拗に迫ってきたため、結局会って話すことにした。そうしたところ、その晩のうちに大きな特集記事として出てしまい、次の日には「ある知識人の激しい自己省察」というタイトルで社説にまでとりあげられ、一気に問題化されることになったというわけである。

これをきっかけにして、本も出ないうちから、インターネットなどでこの問題をめぐる議論が始まった。しかし文富軾は、八月下旬に本を出すまで一切インタビューなどに応じなかった。本が出るのと同じ頃に『月刊中央』で長めのインタビューに応じたりはしたが、公的に批判に答えるなどのことはしなかった。「論争」が括弧付きなのは、多くの文富軾批判が、そもそも発端となった第五章そのものをしっかりと読んだうえで正面から行なわれたものではなく、また文富軾も無数の批判に対して逐一応答しなかったからである。

本書で第五章の翻訳を掲載するかどうかについて、訳者として私は大いに悩んだ。新聞記事が出てからも一ヵ月以上に渡って、書いたり削除したりを繰り返した第五章は、明らかに他の章と比べてもどかしい内容となっていた。無理もない。文富軾は、東義大事件と、かつて自分が釜山アメリカ文化院放火事件で一人の学生を焼死させてしまったこととをオーバーラップさせつつ、自分の文章とは切り離されて展開されている議論を横目に、鳴り続ける電話から逃げながら、悩み、躊躇し、書き継いでいったからだ。私（一人称）、あなた方（二人称）、かれら（三人称）がごっちゃになった文章は、整理されていない長いメモのようで、反復も多く、真に論じたいと考えている問題にどうしてもたどり着かないまま、もがいているようだった。もちろんその思考の軌跡自体たいへん重要である。しかし、東義大事件や第五章をめぐる「論争」について多くの解題のことばを費やすのでない限り、おそらくこれを日本語で紹介するのは無用な誤解を招くだろうと考えた。そして何よりも、著者である文富軾自身が、本章の改稿を強く希望していた。しかし彼は公私ともに厳しい状況にあり、落ち着いて書き直す余裕を今のところ持ちあわせていない。そこで、私および現代企画室編集部は、文富軾と二つの約束をした。もう少し落ち着いたら、必ずこの章を改稿すること。改稿が成った時点で、日本でも論争の詳細な経緯も含めてきちんと翻訳紹介すること。

これが今回第五章を省いた経緯である。読者にはどうかこうした経緯を理解いただき、いましばらくのあいだ、状況を見守っていていただきたい。

どのように受けとめるか

最後に、この切れば血の滲み出るような本を、日本においてどのように受けとめることができるのかについて、一言述べておきたい。

文富軾は詩人でもあり、『花々《コットゥル》』（一九九三年）という詩集もある。そのせいか、彼のことばは、独特のうねるようなリズムをもっている。それが伝わるように訳せたかどうかは甚だ心許ない。しかしそうしたリズムよりも、彼の文体でもっとも重要なのは、それが「省察の文体」とでも呼びうるような特徴を持っていることにある。より正確にいえば、自らの経験、自らの思考の持っている前提や限界を絶えず問い直していくような、そうした作業がこのような文体を要請しているのだと思う。それはまた、おそらく死者と歴史の暗がりに向き合うことから来るものでもあるだろう。

と同時に注目しておく必要があるのは、そうした省察の行為が同時に社会批判ともなるようなかたちで問題が提起されている点である。一人称の省察と、三人称の社会批判とをつなげる回路となっているのが、おそらく「私たち《ウリ》」ということばである。自分と同時代を生きている、著者をも含む「私たち」に向けて、本書は書かれている、あるいは何らかの形で関係性の網の目を共に生きている、あるいは共通の経験や思考を持っている、あるいはうことができるだろう。その「私たち」は狭い意味では、八〇年代に韓国で運動を経験した人たちであろうが、もちろんそこにだけ著者の言葉が向けられているわけではないだろう。ところが、それがどこに向けられているのかを見失い、さらにはこの「私たち」から著者を外して読んでしまったとき、省察の文体は、啓蒙の文体として読み替えられてしまうだろう。そのように読む者は、あたかも著者が高みから社会を見下ろし、反省を強いるような「聖人」にみえてしまうだろう。実際、韓国では、文富軾を「倫理主義者」といってみたり、「自己省察するなら静かにやろう」と題して「反省の系譜学」をたどってみるエッセイが出たり、あるいは自分だけ正しいと思っているなどといった非難が見られたのである。

では本書を日本で読むということはどういうことか。もう少しいえば、本書で提起された問いと、日本においてつながるということはどういうことだろうか。訳者としては、やや分を越えたこととは思いながらも、この点について少し私の考えるところを述べておきたい。

そのことを考えるうえで、一つ気になる文章がある。金子勝と大澤真幸による「韓国を鏡に日本のナショナリズムを見る」(『世界』二〇〇一年一〇月号、後に『見たくない思想的現実を見る』岩波書店、二〇〇二年に収録)である。大澤は「優しい闘士」と題された文章で、本書第二章の論考の最後に記されている、「光州」が自分にとって「ナディヤの脚」だというのはどういう意味かとまず問いかける。ナショナリズムをめぐる韓国での対話をふりかえった後、彼は唐突にこう指摘する。「日本の戦争責任を認め、謝罪や補償を積極的に行なうべきだとする日本人」は、「間違った方向には向かっていないが、そこにはまだ何か胡散臭いものがある」。なぜならば、「文さんの徹底的な自己放棄に匹敵するものがそこにはないからだ」。そして彼はこう結論づけるのだ。「光州」へのどんな意味づけも「光州」を見ていない、だから「ナディヤの脚」とは端的に〈無〉なのだと。私にはこの読解が理解できない。果たして、自らの死まで覚悟して釜山アメリカ文化院の放火という行為にいたったのは、「光州」という「無」によって「自己放棄」したからだったのだろうか。そんなことをいま言いたいがために、文富軾は省察の作業を行なったのだろうか。文富軾がここで問おうとしているのは、「光州」の市民軍が一体何のために闘おうとしたのか、そこで引かれた闘いの線は今日まったく意味のないものになってしまったのか、ということに他ならない。それは決して「無」などではない。

また、金子は「過去だけを問う姿勢からは何も生れてこない」などと言いながら、韓国の若い大学院生が「被害者意識から感情的に日本人を攻めたてたりしない」ことや、「日本人だけが悪いとは思わない」と述べることを、「とても大人で理性的な解答」として評価している。二人に共通しているのは、日本の過去を問おうとすることを、「胡散臭い」と言ってみたり、「感情的」だなどと言ってみたりする姿である。もう少し言えば、この二人に共通する問題は、被害と加害、抑圧と欲望とが絡まり合った歴史を見つめることで、重層的な責任を問うような運動を模索するのではなく、「未来」や「無」へと向かってしまい、自らは動かぬ十全たる主体のままだという点である。私には、「見たくない思想的現実」というより、「見たかった思想的現実」だったように思えてならないのである。これでは、題名をもじっていえば、「韓国」とは自らの主体を保全しようとする日本人の「鏡」にすぎない。

おそらく、本書の問いへのつながり方はこのようなものではないだろう。むしろ逆である。重要なのは、本書で論じられている八〇年代の韓国社会を同時期の日本社会と切り離し、一方は「平和な日本」、他方は「大変な韓国」としてとらえず、あらためて当時の日本社会は一体どのような時代だったのか、「平和」で「豊か」な時代として想起するときに何が忘却に追いやられているのかを問い返すような視点ではないだろうか。そうした自らの省察的な問いかけとして受けとめたとき、日本社会はまた違った様相で見えることだろう。「失われた記憶」を求めるとは、そういうことではないだろうか。

訳者の怠慢のため、本書は当初想定していたよりも随分出版が遅れてしまった。いくつかの出版社で翻訳出版の目処がたたずにいたところ、快く引き受けてくださった現代企画室の太田昌国さん、小倉裕介さんには、この場でまずお礼とお詫びを述べたい。また私が著者を知ったのは、東京外国語大学の中野敏男さんが、同大学の岩崎稔さんや『現代思想』編集長の池上善彦さんらとともに訪韓したとき以来であり、これらの方々にはその後も数々の相談に乗っていただいた。本書第二章は、中野さんたちの開いた国際シンポ「戦後東アジアとアメリカの存在」で発表されたものが元になっているが、第一章は金慶允さんがそのとき試訳を発表しており、今回大いに参考にさせていただいた。ここに記して感謝の意を表したい。

二〇〇五年四月

板垣竜太

【初出一覧】

はじめに　時間と記憶、異なる「視線」を求めて

単行本での書き下ろし

一章　失われた記憶を求めて——狂気の時代を考える

『当代批評』九号（一九九九年秋）

二章　「光州」二十年後——歴史の記憶と人間の記憶

日本語初出：『戦後東アジアとアメリカの存在〈ポストコロニアル〉状況を東アジアで考える』（『現代思想』二〇〇一年七月臨時増刊号）

韓国語初出：『記憶と歴史の闘争』二〇〇二年当代批評特別号

三章　傷痕が語りはじめた——補償と治癒の差異について

韓国語初出：『当代批評』一二号（二〇〇〇年秋）

日本語訳初出：『アジア新世紀第二巻　歴史——アジアの作られかた・作りかた』（岩波書店、二〇〇三年一月）

四章　誰もすまないとは言わなかった——死と犠牲に対する礼儀

韓国語初出：『当代批評』一六号（二〇〇一年秋）

日本語訳初出：『現代思想』二〇〇三年三月号

五章　すべては終わった、だが愛していた

韓国語初出：金京煥『飛翔を夢みる鳥は大地を見下ろす』（ホミ、二〇〇二年）に掲載した跋文。原題は「ふたたび、道は広野のものだ」

【訳者紹介】

板垣竜太（いたがき　りゅうた） 1972年、佐渡生まれ。東京大学で文化人類学を専攻し、朝鮮の近代社会史を研究する。1999年から2001年までソウル大に留学しつつ、韓国の農村で現地調査。2002年より、『当代批評』の海外客員編集委員。2003年に東京大学韓国朝鮮文化研究室助手。2004年より同志社大学社会学科専任講師。共編著として『世界のプライバシー権運動と監視社会』（明石書店、2003年）、『植民地近代の視座』（岩波書店、2004年）などがある。

失われた記憶を求めて――狂気の時代を考える

発行……………二〇〇五年七月二〇日　初版第一刷一五〇〇部
定価……………二五〇〇円＋税
著者……………文富軾
訳者……………板垣竜太
装丁……………泉沢儒花（bit rabbit）
発行者…………北川フラム
発行所…………現代企画室
住所……………101-0064 東京都千代田区猿楽町二―二―五―三〇二
電話――〇三―三二九三―九五三九
ファクス――〇三―三二九三―二七三五
E-mail：gendai@jca.apc.org
http://www.jca.apc.org/gendai/
郵便振替――〇〇一二〇―一―一一六〇一七
印刷所…………中央精版印刷株式会社
ISBN4-7738-0412-2　C0036　Y2500E